인생을 바꾸는 생각들

변화할 줄 아는 삶을 위한 3개의 조언

인생을 바꾸는 생각들

바버라 오클리 지음 | 이은경 옮김

Mind Shift

"바버라 오클리 박사는 색다른 방식으로 우리의 잠재력을 발견하는 법을 알려준다. 이제 더는 주저하지 마라."

— 세스 고딘Seth Godin, 『린치핀Linchpin』, 『마케팅이다This is Marketing』 저자

"『인생을 바꾸는 생각들』은 아주 확실한 메시지를 전달한다. 당신은 자신이 상상하는 이상으로 배우고 성장할 수 있다."

— 프란시스코 아얄라Francisco Ayala,
　　캘리포니아대학교 어바인 캠퍼스 교수, 미국 과학진흥협회 전 회장 겸 의장

"이 책은 좀 더 만족스러운 미래를 만들기 위해 새롭게 배우는 법과 기존의 재능을 활용하는 법을 알려준다. 또한 우리가 안락한 영역에서 벗어나 새롭게 도전하고 학습할 수 있게 자극한다. 쳇바퀴에 갇힌 채 앞으로 무엇을 해야 할지 모르겠다면 『인생을 바꾸는 생각들』을 펼쳐라. 당신이 나아갈 길을 찾도록 도와줄 것이다!"

— 넬슨 델리스Nelson Dellis, 미국 기억력 선수권 대회 챔피언

"마음을 다잡아라. 이 책은 여태껏 당신이 알고 있던 대상에 대한 인식을 완전히 바꿔놓을 것이다. 바버라 오클리 박사는 기존의 학습법을 조금만 바꾸어도 누구나 달라질 수 있다는 사실을 알려준다. 게다가 그 방법은 어렵지 않으며 손쉽게 할 수 있는 것들이다. 이제 이 책으로 당신의 의식을 개선하고 나아가 삶 자체를 발전시켜라."

— 스콧 코프먼Scott Kaufman,
상상연구소 과학 부문 책임자이자 『창의성을 타고나다Wired to Create』 공저자

"『인생을 바꾸는 생각들』은 삶을 재부팅하려는 사람을 위한 필독서다. 오클리 박사는 다양한 학문 분야를 오가면서 진로에 대한 새로운 접근법과 걱정이 많은 사람이 앞서가는 이유, 부정적인 성향 속에 장점이 숨겨진 사례, 열망하는 일을 폭발적인 성공으로 끌어낸 사람들의 이야기를 설명한다. 흥미로운 주제와 실용적인 조언으로 가득한 이 책은 분명 당신의 인생을 바꿀 것이다."

— 대니얼 핑크Daniel Pink, 『드라이브Drive』 『새로운 미래가 온다A Whole New Mind』 저자

"열망하는 일을 좇기는 쉽다. 하지만 열망하는 일을 찾기는 어렵다. 이 책에는 다른 길을 찾거나 앞을 가로막는 장애물을 부수고 나아간 놀라운 사람들의 사례가 가득하다."

— 애덤 그랜트Adam Grant, 『오리지널스Originals』, 『기브 앤 테이크Give and Take』 저자

"오클리 박사의 책은 내용의 깊이와 폭 모두 주목할 만하다. 정말 흥미롭다."

— 제임스 타란토James Taranto, 《월스트리트저널》

"책을 폈다면 이제 마음을 열고 행동을 바꿀 준비를 해라. 인생의 변화, 사고의 전환을 촉구하는 『인생을 바꾸는 생각들』은 당신의 가능성을 현실로 만드는 방법을 보여준다."

— 구루 마드하반Guru Madhavan, 『맨발의 엔지니어들Applied Minds: How Engineers Think』 저자

"『인생을 바꾸는 생각들』은 직업과 진로를 바꾸는 사람이 점점 늘어나는 시대에 꼭 필요한 조언과 도움을 제공한다."

— 글렌 레이놀즈Glenn Reynolds, 테네시대학교 법학과 석좌교수

나는 어릴 때부터 수학과 과학을 지독하게 싫어했다. 사실 다른 과목의 성적도 형편없었고 그냥 빈둥거리기 좋아하는 아이였다. 별다른 재능이나 특별한 능력도 없었다.

아버지가 군인이어서 우리 가족은 이사를 자주 다녔고, 주로 도시 외곽의 시골 지역으로 가게 되었다. 당시만 해도 그런 변두리 땅은 값이 저렴했기에 우리 집은 무리 없이 많은 동물을 키울 수 있었다. 매일 학교 수업이 끝나면 책가방을 내던지고 말에 올라탄 뒤 길을 나섰다. 눈부신 오후 햇살을 맞으며 말을 탈 수 있는데 학교 공부나 진로 따위에 신경을 썼겠는가?

영어만 사용하는 집안에서 자란 나는 중학교 1학년 때 스페인어 수업에서 한참을 헤맸다. 현명한 아버지는 나의 우는 소리를 귀 기울여 듣더니 "진짜 문제는 선생님이 아니라 어쩌면 너에게 있을지도 모른다고 생각해본 적은 없니?" 하고 물었다.

또다시 이사를 하면서 나는 뜻밖에도 아버지가 틀렸다는 사실을 깨달았다. 전학 간 고등학교의 외국어 선생님 덕분에 이전엔 느끼지 못한 공부 의욕을 얻게 된 것이다. 그때부터 나는 외국어로 생각하고 말하는 일에 관심을 갖게 됐다. 실은 내가 어학 과목을 좋아한다는 사실가지 알게 되면서 프랑스어와 독일어를 공부하기 시작했다.

이때 아버지는 수학과 과학을 바탕으로 한 전문 학위를 취득할 것을 권했다. 그러나 나는 여전히 이과 계열 과목이 내 능력 밖이라고 생각했다. 초중고교 내내 해당 과목에서 낙제점을 받았으니 이는 놀랄 일도 아니었다. 나는 어학을 꾸준히 공부하고 싶었고 그렇게 하기로 결심했다. 당시에는 학자금 대출을 받기가 쉽지 않았으므로 나는 대학에 진학하는 대신 돈을 벌면서 어학을 공부할 수 있는 군대에 들어가기로 결정했다. 군에 입대한 뒤에는 러시아어까지 배울 수 있었다.

자, 당신이 생각하기에 지금의 내 모습은 어떨 것 같은가? 무슨 일을 하고 있을지 상상이 가는가? 현재 나는 처음에 계획한 바와 달리 우여곡절 끝에 수학과 과학 세계에 단단히 뿌리를 내린 공대 교수가 되었다. 그리고 미국에 위치한 생명과학 연구소인 소크연구소의 테런스 세즈노스키Terrence Sejnowski, 프랜시스 크릭Francis Crick 석좌교수와 함께 전 세계에서 가장 인기 있는 온라인 강좌 '학습법 배우기'를 맡아 진행하고 있다. 이는 캘리포니아대학교 샌디에이고 캠퍼스가 코세라Coursera(미국의 교육 및 기술 회사)에 제공하는 강의인데, 이 수업은 온라인 공개 강좌인 무크MOOC, Massive Open Online Course로 진행되며 개설 첫해에만 무려 200여 개국에서 100만 명의 수강자가 몰려들었다. 이 책이 나올 무렵이면 수강자 수는 거의 200만 명을 훌쩍 넘을 것이다.

또한 교수가 되기 전 나는 당신이 상상도 하지 못할 아주 다양한 일을 했다. 웨이트리스, 청소부 일도 했고 가정교사, 전업주부를 거쳐 작가, 군 장교, 러시아어 통역사, 남극 기지 무선 통신사 등의 직업을 가졌다.

그 과정에서 나는 내 안에 배우고 변화하는 능력이 상상한 것보다 더 크다는 사실을 발견했다. 과거에 배운 내용을 바탕으로 창조력을 발휘해 어떤 일을 성공시킨 적이 몇 번이나 있었고, 이전 직업에서 습득했으나 얼핏 보기엔 아무짝에도 쓸모없다고 느낀 정보가 나중에 든든한 기반이 되는 경우도 많았다. 나는 그런 경험을 바탕으로 누구든지 하고자 한다면 못 이룰 일은 없다는 큰 깨달음을 얻게 되었고, 나아가 실제로 비현실적인 꿈을 이룬 사람들이 아주 많다는 것을 알게 되었다.

온라인 강의를 통해 전 세계 수백만 명의 수강생들이 자신의 잠재력을 찾는 모습을 지켜보면서 나는 새로운 일을 시도하고 도전하는 것이 인생에서 가장 중요한 태도라고 확신하게 되었다. 그러기 위해서는 먼저 자신의 잠재력을 발휘하는 데 도움이 될 '마인드 시프트Mind Shift'를 아는 것이 필요하다.

마인드 시프트란 변화를 잘 받아들이는 능력, 즉 유연한 사고를 말한다. 일부 사람들이 고정관념에 사로잡혀 머릿속으로만 꿈을 꾼다면 이들은 원하는 결과를 얻기 위해 한 걸음 더 내디딜 줄 알고 변화를 유연하게 받아들인다. 이제 『인생을 바꾸는 생각들』을 통해 우리는 새로운 것을 배우겠다는 진취적인 사고방식을 가진 사람들과, 시대에 뒤떨어졌다거나 지금 하는 일과 쓸모없다고 여겨진 지식을 가진 사람들이 어떻게 세상을 바꿨는지 살펴볼 것이다. 또한 학습과 변화에 대한 과학적 사실과 연구를 바탕으로 잠재력을 최대한 끌어올릴 수 있는 방법을 설명할 것이다.

한번 상상해보자. 경력을 쌓는 과정에서 예상치 못한 우여곡절은 늘 일어나는 법이다.

어느 날 아침 평소와 똑같이 책상에 앉아 업무에 열중하던 중 문득 고개를 들어 보니 상사가 보안 요원을 데리고 나타났다. 그들은 당신을 건물 밖으로 내보낼 태세를 취한다. 무려 20년 동안 열심히 일하면서 업무를 완벽히 숙지했건만 AI 시대가 도래하고 기존 시스템이 폐기되면서 갑작스레 해고를 당한 것이다.

만약 상사가 얼간이였다면 기쁠 일이다. 캄캄한 지하 감옥에서 탈출할 즐거운 기회가 생긴 셈이니까. 그런 경우라면 당신은 도전 정신을 북돋우는 새로운 무언가를 기꺼이 배우려고 할 것이다. 반대로 충격에 휩싸인 사람도 있을 것이다. 선택권이 박탈당한 채 갑자기 해고 통지를 받았다는 생각이 들지도 모른다. 특히 부모나 윗사람의 충고에 따르던 고분고분한 타입이라면 높은 연봉이라는 명분에 발목 잡힌 채로 가지 않은 길을 그저 멍하니 바라만 보고 있을 수도 있다.

혹은 조건 좋은 일자리를 만나기 쉽지 않은 분야에서 어렵사리 취업하고 경력을 쌓은 사람도 있을 것이다. 그렇다면 직업을 바꾸는 위험을 감수하는 행동은 꿈에도 생각하지 않을 것이다. 자녀가 있는 상황이라면 더더욱 그렇다. 그런 경우라면 벌이가 시원찮고, 만족스럽지 않은 일에서도 빠져나오지 못할 가능성이 크다.

'난 반드시 내가 하고 싶은, 열망하는 일을 하겠어'라고 결심하고 한눈팔지 않고 노력해서 반짝이는 새 학위를 취득하여 졸업한 사람도 있을 것이다. 그렇게 노력 끝에 원하는 직업을 얻었지만 결과는 예상과 전혀 달랐다. 갑자기 과거 부모님의 말이 옳았다는 사실을 깨닫게 된다. 급여는 형편없는데 일은 더 형편없으며, 차차 갚아야 할 산더미 같은 학자금 대출이 앞을 가로막고 있어서 진로 전환도 만만치 않다. 반대로 지금 하는 일이 제법 마음에 들지만 뭔가 더 잘할 수 있는 '다른 일'이 있을 것 같다고 느끼는 사람도 있을 것이다. 이런 고민을 하고 있다면 앞으로 어떻게 해야 할까?

각자의 사회적 상황과 처지에 따라 새로운 기술을 배우고 진로를 전환할 때 부딪히는 장애물도 다 다르기 마련이다. 개중에는 극복할 수 없는 장애물도 있지만 다행히 지금 전 세계는 한때 운 좋은 소수가 독점했던 배움을 과거 그 어느 때보다 저렴한 비용으로 많은 사람이 누릴 수 있는 시대로 접어들고 있다. 그렇다고 해서 마인드 시프트가 무작정 쉽다는 뜻은 아니다. 보통은 쉽지 않다. 그러나 많은 사람에게 전환의 장벽이 낮아진 것은 분명한 사실이다.

물론 새로운 삶의 전환에 대해 거부 반응을 나타내는 경우도 적지 않다. '아니야. 기존 시스템과 학습법으로 충분해. 결국 전통적인

방법이 중요해. 새로운 방법은 반짝 유행일 뿐이야.' 그러나 마인드
시프트 혁명은 좋든 싫든 간에 이미 진행 중이다. 이는 새로운 기술
학습과 진로 전환뿐만 아니라 삶의 태도와 개인의 생활, 인간관계
변화까지도 포함하는 전방위적인 개념이다. 여가 활동부터 정규직
직장에 이르기까지 어떤 영역에서든 일어날 수 있다.

　여전히 근거 없는 소리처럼 들리는가? 이는 꿈 같은 이야기가 아
니다. 누구나 성공할 수 있다고 증명하는 충분한 근거 자료가 있다.
스탠퍼드대학교 교수 캐럴 드웩Carol Dweck이 말한 '성장 마인드 세트
Growth mind-set' 이론을 참고해보자. 이 개념은 바뀔 수 있다고 믿는 긍
정적인 태도가 실제 변화를 이끌어내는 데 도움이 된다고 설명하며,
실제로 여러 차례 입증된 바 있다.

　그러나 어린아이도 아닌 성인이 되어서 바뀌겠다는 시프트적 사
고가 실생활에 어떻게 적용되고 얼마나 효과가 있을지 구체적으로
알기는 어렵다. 사람들은 관심사와 기술, 진로에서 '실제로' 어떤 변
화를 일으킬 수 있을까? 최신 연구는 어떤 실용적인 제안을 내놓을
까? 이 과정에서 새로운 학습 수단은 어떤 역할을 할까?

　이제 이 책에서는 세계 각지에서 놀랄 만한 진로 전환을 이루고

엄청난 도전 과제를 극복하여 인생을 완전히 바꾼 사람들을 소개하고자 한다. 당신이 진로를 바꾸려고 하거나 어떤 분야를 배우려고 하든 간에 '제2의 기회'를 쟁취한 성공한 학습자들에게 귀중하고 심오한 통찰을 얻을 수 있을 것이다. 앞으로 인문학에서 과학으로, 첨단 기술에서 미술로 어려운 진로 전환을 해낸 사람들을 살펴볼 것이다. 또한 세계적 수준의 우수한 과학자들조차도 진로 재설정을 할 수밖에 없는 이유, 그리고 어려운 주제를 공부할 때 그리 똑똑하지 않다는 사실이 오히려 장점이 되는 구체적 사례 등도 적극적으로 살펴볼 것이다. 불안하기 마련인 중대한 변화의 과정에서 그들이 흔들리지 않을 수 있었던 비결 역시 배울 것이다. 또 신경과학 분야의 실용적인 조언을 통해 성인이 된 이후에도 계속 성장할 수 있는 방법을 전하고자 한다.

'인생의 전환을 이루고 숨은 잠재력을 발견하라'라는 이 책의 메시지는 앞으로 아주 넓은 캔버스를 다채롭게 칠해줄 것이다. 그리고 그 캔버스는 바로 당신의 것이다.

바버라 오클리

CONTENTS

Mind

Chapter 1

세상의 변화

한때 재즈 가수를 꿈꿨던 의사

◆

그레이엄 키어Graham Keir는 어릴 때부터 음악을 사랑했고 자유롭게 재즈를 하며 살아가고 싶었다. 그러나 '어떤 사건'을 계기로 장래 희망을 바꿔, 현재는 사람을 치료하는 의사로 살아가고 있다. 놀라운 사실은 한때 그가 숫자라면 치를 떨던, 수학, 과학 교과서는 불태우기까지 했던 수포자였다는 점이다.

그레이엄 키어Graham Keir의 인생은 멈추지 않는 초고속 열차처럼 순조롭게 나아가고 있었다. 열망하던 일을 했고, 그 일이 이끄는 대로 살아갔다. 적어도 그는 그렇게 생각했다.

그는 어릴 적부터 음악에 푹 빠져 살았다. 네 살이 되었을 때 바이올린을 연주했고 여덟 살 무렵에는 기타를 치기 시작하며 연주할 수 있는 악기의 종류를 빠르게 늘려나갔다. 고등학생 시절에 는 재즈의 세계를 접하고 즉시 매료되어서 틈만 나면 자유로운 재즈 특유의 리듬을 연습했다.

그와 가족들은 빌리 홀리데이Billie Holiday, 존 콜트레인John Coltrane, 에델 워터스Ethel Waters, 디지 길레스피Dizzy Gillespie 같은 위대한 재즈 음악가가 살았던 미국 필라델피아 근교에서 지냈다. 기차역 바로 옆에 위치한 오래된 빅토리아 양식의 주택에 살았는데, 저녁이면 그레이엄은 종종 몰래 집을 빠져나와 펜실베이니아 R5 열차에 오르곤 했다. 그렇게 필라델피아의 얼룩덜룩한 콘크리트 바닥에 발을 내디딘 그는 즉석에서 라이브 연주가 펼쳐지는 황홀한 재즈 클럽에 가곤 했다. 그는 재즈를 들을 때 비로소 자신이 살아 있음을 느꼈다.

재즈를 사랑한 그레이엄은 이스트만 음악대학과 줄리아드 음악대학이라는 명문 음악학교 두 곳에서 공부하게 되었고, 잡지《다운비트_DownBeat_》에 대학 수준 최고의 독주자로 소개되기도 했다.

다만 음악에 재능이 있다고 해서 모든 영역에서 우수했던 것은 아니었다. 오히려 그 반대였다. 그는 음악과 상관없는 거의 모든 분야에 소홀했다. 수학은 아예 혐오하는 수준이었다. 대수와 기하학 과목은 얼렁뚱땅 넘겼고 미적분학이나 통계는 손도 대지 않았다. 고등학교 과학 성적도 형편없었다. 그는 마지막 화학 시험에서 간신히 합격 점수를 받은 뒤 신나는 마음으로 집에 돌아와 모든 교재를 벽난로에 넣고 불태우기까지 했다.

심지어 대학 입학시험을 치르기 전날 밤, 수많은 수험생이 뜬눈으로 밤을 지새우며 수학 문제와 역사 문제를 초조하게 복습하고 있을 때 그레이엄은 변변치 않은 자기 성적을 과시라도 하듯이 당당하게 재즈 콘서트에 갔다. 그는 평생 음악만 하며 살고 싶었고 오직 그뿐이었다. 수학과 과학은 생각만 해도 짜증이 났다.

그러다가 '어떤 일'이 일어났다. 그레이엄이 음악이 아닌 수학과 과학을 다루는 삶을 살게 된 것이다. 그렇게 되기까지 어떤 사고가 생겼거나, 가족에게 큰일이 닥치는 등 갑자기 운명이 바뀌는 수준의 사건이 발생한 것은 아니었다. 그렇게까지 대단한 계기가 아니었기에 그 변화는 더욱더 큰 의미를 지니게 됐다. 사랑하던 음악을 떠나 혐오하던 이과 계열의 길로 가게 된 그레이엄의 진로 전환은 본인 자신에게도 충격 그 자체였다.

그렇다고 그가 불행할까? 지금 그는 더할 나위 없이 행복한 삶을 살고 있다.

: 한순간에 바뀐 꿈 :

그레이엄이 진로를 전환하게 된 계기는 단순했다. 어느 날 그는 동네 소아암 센터에서 기타를 연주해달라는 부탁을 받았다. 짧았던 한 번의 방문은 다음 방문, 그다음 방문으로 이어졌다. 그레이엄은 어리지만 용감한 환자들을 보며 깊은 감명을 받았다. 개중에는 가슴이 미어질 듯한 사연을 지닌 아이들도 있었다. 이들을 보면서 마음이 크게 움직인 청년은 결국 암 환자를 위한 정기 연주회를 열기 시작했다.

문득 그는 놀라운 사실을 깨달았다. 온종일 음악을 연주하면서 전혀 보람을 느끼지 못한 것이다. 힘거운 시간을 보내고 있는 환자들을 '직접 돌보는 일'이 음악을 연주하는 것보다 더 의미 있다고 생각되기 시작했다.

느닷없이 어떤 그림이 떠올랐다. 말도 안 될 정도로 무서운 생각이었다. 갑자기 그레이엄은 의사가 되고 싶었다. 그리고 그렇게 되기로 마음먹었다. 동시에 자신이 바보 같았다. 아무리 과거를 돌이켜 봐도 자신에게 수학·과학적 재능은 조금도 없었기 때문이다.

절망적이었지만 그는 포기하지 않았다. 작은 일부터 시작했다.

바로 미적분 강좌를 신청하는 것이었다. 그러나 곧장 강좌부터 신청한 것은 아니었다. 개강 몇 달 전에 그는 아이폰으로 볼 수 있는 예습용 미적분 교재를 구매해서 연주회장에 갈 때나 통학하는 길에 개념을 미리 훑어봤다. 눈앞이 캄캄했다. 까맣게 잊었거나 애초에 잘 몰랐던 수많은 기본 개념들이 있었다. '지수 법칙이 뭐였더라?', '이런, 내가 대체 무슨 짓을 하고 있는 거지? 음악 분야에서 나는 최고인데 갑자기 바닥에서부터 다시 시작하려고 하다니'라는 생각을 떨칠 수가 없었다.

하지만 그레이엄은 오랫동안 악기 연습을 한 덕분에 자신에게 어려운 과제가 생겨도 포기하지 않고 꾸준히 계속하는 끈기, 그리고 단순한 기술을 잘 익히는 강점이 있다는 사실을 잘 알고 있었다. 그렇게 오랫동안 연습해서 줄리아드 음악대학에 들어갔으니 수학 공부라고 해내지 못할 이유가 없었다.

다만 자신의 강점을 잘 안다고 해서 미래에 대한 불안감을 지울 수는 없었고, 공부하는 과정이 때때로 너무나 힘들다는 사실이 바뀌지도 않았다. 함께 미적분 강좌를 듣는 사람들은 대부분 고등학교 때 이미 그 수업을 들었거나 재수강해서 평점을 올리려고 하는 컬럼비아대학교 의예과와 공대 학생들이었다. 그레이엄은 마치 자신이 고카트go-kart(소형 경주용 자동차 -옮긴이)를 탄 채 노련한 카레이서를 상대하려고 애쓰는 듯한 기분이 들었다. 한번은 그레이엄이 교수에게 자신은 음악가라고 소개하자, 교수 역시 그가 수업을 듣는 이유를 이해하지 못했다.

그러나 열심히 노력한 끝에 A- 학점을 받았다. 수학과 과학을 싫어했던 사람이 대학 미적분 수업을 듣고 처음 받은 성적치고 나쁘지 않았다.

: 새로운 것을 배울 때 필요한 자세 :

불안감이 조금씩 누그러들기 시작했지만 새로운 공부는 늘 어렵기만 했다.

> "시험 전날이면 거의 매번 잠을 설쳤습니다. 'A 학점을 못 받으면 의대에 가지 못할 거야. 음악까지 포기했는데 의대에 입학하지 못하면 어떻게 하지?'라는 생각이 들었기 때문이죠.
>
> 게다가 제가 무엇을 포기했는지 떠올리게 하는 요소가 도처에 널려 있었어요. 슈퍼볼 경기가 열리던 날 밤, 저는 다음 날 하루 종일 생화학과 유기 화학 시험을 봐야 하기 때문에 공부하고 있었습니다. 경기를 보지는 않았지만 머릿속 어딘가에서는 비욘세가 출연하는 하프타임 공연에서 친구가 색소폰을 불고 있을 것이라는 생각이 들었습니다.
>
> SNS도 끊어야 했죠. 페이스북에 누군가가 공연 투어를 돌거나 세간의 시선을 끄는 연주회를 하는 모습이 올라왔으니까요. 제가 한 결심을 끝까지 지키기 위해 노력해야 했습니다.

가장 견디기 힘들었던 점 중 하나는 친구와 가족들의 '선의'였습니다. 그들은 저를 생각해서 제 의지를 꺾으려고 했죠. 그들은 내가 왜 갑자기 의사가 되겠다고 하는 것인지 이해하지 못했습니다. 의사만큼 어렵지 않은 다른 진로를 추천하는 사람도 있었습니다. 내색하지 않았지만 저도 불안했죠. 타인이 내 머릿속에 자꾸만 의심의 씨앗을 심었으니까요. 진로 전환을 하게 된 이유를 재차 되새겨야 했습니다.

그래도 음악을 하는 친구들 대부분에게 지금 내가 의사가 되기 위해 준비 중이라고 이야기하지는 않았습니다. 재즈 세계에서 관계를 유지하고 연주 일감을 받는 것도 중요했거든요. 말하자면 의학 공부를 하면서 음악을 부업으로 삼으려 했죠. 돈이 필요했으니까요.

처음에는 공부에 몰두해야 한다고 생각해서 공연 횟수에 제한을 두었습니다. 하지만 2학기부터는 연주를 더 많이 했어요. 2학기도 1학기와 똑같은 성적을 받았지만 그때보다 훨씬 더 즐겁게 생활했습니다. 쳇바퀴처럼 돌아가는 일상에서 벗어날 수 있는 음악이라는 탈출구가 생겼기 때문입니다. 공연은 제게 사교 생활이자 수입원인 동시에 해방구였습니다.

과학 수업 역시 힘들었습니다. 수학과 과학 공부를 처음 시작했을 때는 마치 속이 꼬이는 듯한 수준의 고통까지 느꼈어요. 하지만 원리를 터득하고 나니 공부가 재밌어졌습니다. 심지어 유기 화학 도식, 수학 문제와 씨름하는 과정을 즐기기 시작했습니다. 가끔 기발한 해법을 찾을 때면 혼자 미소를 짓거나 킬킬거리며 웃기도 했습니다.

그래도 수업 내용이 익숙해지지는 않았습니다. 처음에는 실은 내가 이미 알고 있는 내용인데 시험에서 그 사실을 증명하지 못할 뿐이라고 굳게 믿었죠. 그러나 곧 같은 수업을 듣는 다른 누군가는 내가 풀지 못한 문제들을 잘 해결한다는 사실을 깨달았습니다. 그들은 저보다 더 잘 이해하고 있었죠. 문제는 제게 있었습니다.

학습 내용을 한 번 이해하는 것만으로는 부족하다는 사실을 깨달았습니다. 기타를 연습한 것처럼 공부도 연습이 필요했죠. 그때부터 교수님들을 자주 찾아갔고 수업 시간에 많은 질문을 했습니다. 고등학교 시절에는 친구든 선생님이든 누군가에게 단 한 번도 도움을 구한 적이 없었습니다. 내가 수업 내용을 이해하지 못한다고 인정하기 싫었거든요. 우둔한 아이들만 도움을 구한다고 생각했습니다. 하지만 자존심은 버려야 한다는 사실을 뒤늦게 깨달았죠. 관건은 천재처럼 보일 것이 아니라 시험을 잘 보는 것이니까요.

정말 운 좋게도 저는 과학 수업을 듣기 직전에 책 『1년 만에 기억력 천재가 된 남자Moonwalking with Einstein』를 읽었습니다. 저 역시 정보를 기억에 담기 위해 이 책에 나온 여러 기억법을 활용했습니다.

어떤 사람들은 선천적으로 숫자와 개념을 잘 기억하지만 저는 그런 사람이 아니었습니다. 저의 한계를 잘 파악해야 했죠. 일단 약점이 무엇인지 알면 이를 극복하기 위한 노력을 기울일 수 있으니까요."

그레이엄은 나머지 과학 필수 과목을 앞으로 1년 동안 그리고 여름 학기 안에 다 이수하겠다고 결심했다. 첫 번째 과목은 오랜 적인 화학이었다. "믿기 어렵겠지만 나는 화학 A 학점을 받았습니다. 고등학교 시절엔 C+을 받았지만 화학 공부에 전념하자 완전히 다른 결과를 받게 됐죠." 마침내 그레이엄은 유기 화학과 생화학을 비롯해 10년 전만 해도 자신이 공부할 것이라고는 상상조차 하지 못했던 어려운 수업에서 A 학점을 받았다.

그는 마지막 기말시험을 마친 지 일주일 만에 의과대학 입학시험을 치렀다. 결과는 합격이었다. 지금 그는 조지타운대학교 의대 3학년에 재학 중이다. 그레이엄은 의학 공부의 효율을 높이고자 '학습법 배우기' 온라인 강좌를 신청했고, 우리는 그렇게 만나게 됐다.

여기서 한 가지 의문이 생길 수 있다. 의사가 되기로 했으니 이전의 음악 공부는 쓸모가 전혀 없을까? 의외로 음악을 한 것이 의사 경력에도 제법 도움이 됐다. 예를 들어 음색과 타이밍의 아주 미세한 변화도 예민하게 알아차리도록 훈련된 청력 덕분에 청진법을 배울 때도 다른 학생보다 훨씬 빨리 차이점을 파악했다.

또한 환자들에게 귀를 기울이고 진심으로 공감할 줄 아는 능력도 갖고 있었다. 그는 다른 음악가들과 함께 연주하면서 자신의 견해만 고집하지 않고 타인의 생각을 경청하는 법을 배웠다. 마찬가지로 의사라 해도 환자에게도 일방적인 지시만 하는 것이 아니라 그들에게 말할 기회를 줘야 서로의 관계를 향상시킬 수 있고, 나아가 더 정확한 진단을 내릴 수 있다고 생각했다.

그뿐만 아니라 그레이엄은 음악을 연주할 때 필요한 특성이 환자 대면이나 의료 처치를 수행할 때 요구되는 기술과 놀라우리만큼 비슷하다는 사실을 발견했다. 즉흥 연주에 집중했던 덕분에 예상치 못한 상황이나 응급 상황에 유연하게 대처할 수 있었다. 그리고 힘겨운 진로 전환을 한 경험을 바탕으로 통제하기 어려운 상황에 닥쳤을 때도 좀 더 침착하게 대응할 수 있었다.

실제로 많은 예비 의대생이 의학은 아주 많은 지식을 필요로 하기 때문에 틀에 박힌 학문일 것이라고 무심코 예상하곤 한다. 그러나 실제 임상에서 의료 행위는 생각보다 훨씬 더 유동적이고, 직감에 의지해야 하는 경우가 많은 일종의 '치유 기술'이다. 그레이엄은 연주에 많은 시간을 투자했던 덕분에 이 사실을 잘 알고 있었다.

> "의대 진학 후 1년 내내 공부가 힘들었습니다. 제 공부법이 비효율적이라는 생각이 들었어요. 다른 학생들보다 훨씬 많은 시간을 공부에 투자하는데도 내용을 잘 이해하지 못했습니다. 그래서 코세라에서 '학습법 배우기' 강의 수강을 신청했어요. 이 수업을 들은 뒤에 비로소 '능동적인 학습'이 중요하다는 사실을 깨달았습니다. 평소 저는 몇 시간씩 자료를 읽고 또 읽었

지만 사실 그중 절반 정도는 제대로 집중하지 못하는 멍한 상태
였죠.

강의에서 알려주는 방법 중 가장 효과가 좋았던 것은 바로 '포
모도로 기법The Pomodoro Technique'이었어요. 이를 사용한 뒤 금
방 눈에 띄는 효과를 보게 됐습니다."

포모도로 기법

포모도로 기법은 1980년대에 프란체스코 시릴로Francesco Cirillo가 개발한 믿기 어
려울 정도로 간단하면서도 커다란 효과를 발휘하는 집중 기법이다.
포모도로는 이탈리아어로 '토마토'를 뜻하는데(시릴로가 추천한 타이머가 토마토 모양
이었다), 이 기법을 실천하려면 먼저 휴대전화의 알림음이나 기타 사운드를 모두
끈 뒤 타이머가 25분 후에 울리도록 맞춘 다음 알람이 울리기 전까지 당신이 하는
일에 최대한 집중하기만 하면 된다. 25분간 집중한 다음에는 (이 역시 똑같이 중요하
다) 몇 분 동안 인터넷 서핑을 하거나, 좋아하는 음악을 듣거나, 그냥 돌아다니거
나, 친구와 수다를 떠는 등 편안하게 주의를 분산할 수 있는 일을 하면서 뇌가 휴
식을 취할 수 있도록 한다. 그리고 다시 25분 동안 집중하고, 또 휴식을 반복한다.
이 기법은 미루는 습관에 대비하고 해야 할 일을 계속하게 하는 데 큰 효과를 발
휘한다. 중간 휴식 시간 역시 학습 효율을 높이는 중요한 역할을 한다.

이쯤 되면 당신도 인생의 경로는 절대 정해져 있지 않다는 사실
을 깨달았을 것이다. 삶의 방향은 개인의 의지로 얼마든지 바꿀 수
있다. 지금 계획 중인 길이나 스스로 잘한다고 생각하는 분야가 곧
'미래'가 되지 않을 수도 있다.

이 맥락에서 그레이엄처럼 의학 분야로 '진입'하고 싶어 하는 사람만 있는 것이 아니라는 점도 언급할 필요가 있다. 몇몇 의사는 반대로 의료계에서 '빠져 나와' 완전히 다른 분야로 진출했다. 예를 들어 베스트셀러 『쥬라기 공원Jurassic Park』과 드라마 「ER」을 쓴 작가 마이클 크라이튼Michael Crichton은 하버드대학교에서 의학 박사 학위를 땄지만 임상 의료에 필요한 면허는 취득하지 않고 진로를 바꾸었다. 중화민국을 세운 정치가 쑨원孫文 역시 하와이에서 의학을 공부하다가 포기하고 중국 혁명에 가담했다.

어쩌면 "잠깐만요, 그레이엄은 어디로 보나 머리가 좋고 상당히 똑똑한 사람이에요. 그저 어릴 때 수학과 과학을 열심히 공부하지 않았을 뿐이잖아요"라고 의혹을 제기할지도 모르겠다.

하지만 실제로 수많은 평범한 사람이 학습과 변화에 열린 태도를 견지함으로써 놀라운 결과를 보여주곤 했다. 그리고 진로를 전환하고 직업을 바꿨다고 해서 예전에 습득한 지식이 꼭 벗어나려고 발버둥 쳐야 할 과거의 족쇄로 남는 것도 아니다. 오히려 그 지식이 다른 길로 가기 위한 발판 역할을 해주기도 한다.

열망하는 일의 폭을 넓혀라

'열망하는 일을 하라'라는 삶의 조언에 따라서 원하는 일을 미친듯이 해본 적이 있는가? 아니면 지금까지 잘하는 일만 해왔는가? 혹은 정말 힘에 부치는 일에 도전해본 적이 있는가? 목표하는 일을 성취하고자 마음먹는다면 당신은 무엇을 할 수 있으며 무엇이 될 수 있을까? 진짜 한계에 도전할 때 지금까지 익힌 기술과 지식이 도움이 될까? 한번 스스로에게 물어보라.

머릿속에 떠오르는 생각을 손으로 쓰다보면 실제로 큰 도움을 얻게 되는 경우가 많다. 이제 공책 한 권을 마련해서 '열망하는 일의 폭을 넓혀라'라는 제목을 쓴 다음 앞의 질문에 대한 답변을 적어보라. 분량은 정해져 있지 않으니 생각나는 대로 쓰면 된다.

앞으로 이 책 전체에 걸쳐 간단하면서도 적극적인 연습 과제를 제시할 것이다. 책을 다 읽고 난 뒤 작성한 글을 살펴보라. 자기 자신과 학습 방식, 나아가 인생 목표에 대한 귀중한 시각을 얻을 수 있을 것이다.

코딩과 알고리즘을 정복한
수포자 이야기

◆

알리 나크비Ali Naqvi는 몇 년 전까지만 해도 골프 선수가 되고 싶었다. 국가 대표로 국제 대회에도 출전하며 타고난 재능까지 갖고 있었다. 그러나 현재 그는 세계적인 광고 회사 오길비 앤 매더의 퍼포먼스 마케팅(누적된 데이터를 기반으로 고객의 성향을 분석해 기업, 제품에 필요한 결과를 내는 데 집중하는 마케팅의 한 분야)을 담당하는 글로벌 기업 네오 앳 오길비의 공동 경영자로 일하고 있다.

MIND SHIFT

지금이 1704년이라고 상상해보라. 당신은 영리하고 야심에 찬 열세 살의 코만치족Comanche(미국 인디언 원주민) 전사로 지금은 미국 텍사스주라고 불리는 대평원에 살고 있다. 비행기도, 자동차도, 말조차도 없이 본인의 두 발로 이동하던 시대에서 열세 살을 맞이한 것이다. 삶이 느릿느릿 천천히 흘러가나 그 사실조차도 인지하지 못한다. 자신과 다른 삶이 있다는 사실 자체를 모르기 때문이다.

그러던 어느 날 갑자기 거대하고 기이하게 생긴 생물이 네 발로 달리는 모습을 보게 된다. 아주 큰 영양처럼 생겼으나 뿔은 없다. 더 이상한 점은 그 위에 인간이 타고 있다는 사실이다.

이 이상한 짐승은 나중에 '튀휘야Tuhuya'라고 부르게 될 동물, 바로 '말'이다. 순식간에 당신은 지구상에 당신의 삶과 그 삶이 포함하는 모든 것의 속도를 어마어마하게 높일 수 있는 생명체가 존재한다는 사실을 깨닫게 된다. 앞으로 사냥을 포함한 모든 생활 방식을 바꿀 수 있는 존재, 세상의 그 무엇보다도 말이 갖고 싶어질 것이다.

처음으로 말을 약탈하는 원정에 나가서 이기고 말을 타고 돌아오는 길, 당신은 마치 하늘을 나는 듯한 기분을 느낄 것이다. 말은 정말이지 빠르다. 등에 올라타서 바닥으로부터 1미터 남짓한 높이에 떠 있을 뿐인데 세상이 훨씬 커 보인다.

이제 당신은 말을 타고 달리면서 화살을 쏘는 연습을 하고 곧 화살을 버펄로의 가슴 근처로 쏘게 될 것이다. 말은 마치 화살을 쏠 때 어디에 있어야 하는지 직감적으로 아는 것처럼 당신에게 협력한다. 또한 당신은 친구들과 함께 부족의 기술을 개편할 것이다. 말을 타고 달릴 때 다루기 쉽도록 짧은 활을 만들고, 안정적인 안장과 등자도 이어 붙일 것이다. 새로 얻은 이 놀라운 능력으로 당신은 버펄로 여섯 마리를 순식간에 쓰러뜨릴 수 있다. 말을 타고 달리며 적을 지나칠 때면 한쪽 다리를 말의 양 어깨뼈 사이에 걸고 측면으로 몸을 미끄러뜨려서 말을 화살을 막아낼 방패로 사용할 수도 있다. 시간이 흘러 장성한 전사가 될 때쯤이면 당신과 친구들은 아마 승마술 명인이 되어 있을 것이다.

어떤가? 실제로 코만치족은 인류 역사상 최고 수준으로 말을 다루었으며, 이들을 아는 사람들은 모두 그 부족이 말을 다루는 수준에 깜짝 놀랐다고 한다.

하지만 시대와 문화는 변한다. 오직 변화한다는 한 가지 사실만이 변하지 않는다. 한때의 말처럼, 어떤 것도 인간 삶에 중요한 존재로 영원히 남지는 않는다. 이 시대의 '말', 그것은 바로 컴퓨터다.

과거에 학위를 딴 사람들은 컴퓨터의 중요성조차 잘 모르는 경우가 많았다. 일자리를 찾으며 본인에게 부족한 것이 무엇인지 알고 나서야 기술의 필요성을 깨닫곤 했다(실제로 미국과 유럽 모두 앞으로 소프트웨어 개발자가 크게 부족할 것으로 전망된다). 그리고 졸업을 앞둔 대학생이 본인의 전공 분야가 아닌 다른 새로운 기술의 필요성을 느끼게 된다 해도, 이를 배울 수 없을 것이라고 생각하기 쉽다. 다른 학위를 따기 위해 다시 대학으로 돌아가는 것은 대개 불가능하기 때문이다. 일단 그럴 돈이나 시간이 있는 사람부터 드물다. 하지만 지금은 다르다. 혁신적인 기술과 소프트웨어의 발전 덕분에 저렴한 비용 혹은 무료로 신기술을 얼마든지 익힐 수 있다.

먼저 분명히 하고 싶은 점이 있다. 이 장의 핵심은 모두가 '컴퓨터 공학자'가 되어야 한다는 뜻이 아니다. 책의 주제와 마찬가지로 당신이 스스로를 어떻게 생각하든 간에, 당신은 그것보다 더 큰 가능성과 잠재력을 품고 있다는 이야기를 들려주고자 한다. 컴퓨터는 어떠한 계기에 불과하다.

이제 좋은 사례 하나를 살펴볼 것이다. 자신이 무심결에 설정한 한계 너머에 있는 가능성을 발견한 한 남자의 이야기다.

: 숫자만 보면 토할 것 같아요 :

파키스탄에서 자란 알리는 초등학교와 중학교 시절 내내 반에서 1등을 놓치지 않았다. 특히 영문학과 역사, 사회 과목을 좋아했다. 그뿐만이 아니었다. 일곱 살 때부터 아버지가 골프를 가르쳐주었는데, 어린 그는 스포츠에 푹 빠졌다. 얼마 지나지 않아 아마추어 골

퍼가 됐고 경력은 더욱 화려해졌다. 중학교 때 파키스탄 전국 아마추어 선수권 대회에서 우승했으며 국제 대회에 국가 대표로 출전했다. 알리는 머지 않은 미래에 북미 골프 메인 토너먼트인 PGA 투어에서 프로 골프 선수로 활약하는 꿈을 꾸게 됐다.

그러나 그늘도 있었다. 그는 항상 수학에 약했고 화학과 물리 성적도 나쁜 편이었다. 중학교에 들어가면서 수학과 과학 성적은 아예 평균 이하로 떨어졌다. 선생님들에게 도움을 구했지만 "연습 문제를 더 많이 풀어봐"라거나 "더 열심히 공부해" 같은 대답만이 돌아왔다. 부모는 그를 개인 지도 교사에게 보냈지만 효과는 없었다. 알리는 교사들이 제시한 해답을 대충 흉내 내는 데서 그칠 뿐 밑바탕에 깔린 개념을 제대로 이해하지 못했다. 그래도 그는 열심히 노력했다.

사실 문제의 원인은 간단했다. 알리는 자신을 둘러싼 '실세계'와 동떨어진 것 같은 수학의 내용을 도저히 이해할 수 없었다. 아무리 공부해도 아무것도 이해되지 않았다. 갈수록 반에서 점점 뒤처졌고, 영어와 역사, 사회 과목은 A 학점을 받지만 수학과 과학은 C- 학점을 받는 학생이 되었다.

고등학교에 들어갈 무렵, 수학 성적이 합격점을 간신히 넘길 정도로 심각한 수준이 되었다. 이때쯤 알리의 아버지가 전근을 가게 되면서 가족 모두가 싱가포르로 이사했는데, 알리 역시 미국 교육 과정을 따르는 국제 학교로 전학을 가게 됐다(파키스탄은 식민지 지배 영향으로 영국 학제를 따른다).

놀랍게도 새로운 학교에 입학한 뒤 초반에 그의 수학 성적이 약간 올랐다. 새 학교의 수학 교사는 헤비메탈을 좋아하는 히피 출신으로 록 밴드 메탈리카Metallica의 노래로 수학 개념을 가르쳐주었다(예를 들어 '빛에서 나와 밤 속으로Exit light, enter night'라는 후렴구로 방정식 양변의 균형을 설명했다). 그러나 행복한 시간은 잠시뿐이었다. 2학년이 되어서 새로운 교사를 만난 알리는 미적분학과 물리학 과목에서 무시무시할 정도의 하락세를 보이면서 성적이 다시 바닥으로 곤두박질쳤다.

그 시절 알리는 자신의 진로가 어떻게 펼쳐지고 미래에 어디로 가게 될지 상상조차 하지 못했다. 당시 그는 더는 노력하지 않는 지경에 이르렀다. "자랑은 아니지만 저는 수학을 절대 잘하지 못할 운명이라고 생각했습니다. 저에게는 '틀에 박히지 않은 창의성'이 있다고 스스로 되뇌며 위안으로 삼았죠. 결국 수학 시험에서 낙제하고 물리와 화학은 간신히 합격점을 받았습니다. 그래서 같은 학년 친구들과 함께 졸업하지 못했어요."

그 뒤로도 알리가 학습에 눈 뜨기까지는 몇 년이 더 걸렸다.

: 취미가 기회가 될 때 :

지금까지도 알리는 어떻게 자기가 해냈는지 정확히 기억하지 못하지만, 어쨌거나 그는 간신히 대학 입학시험에 통과하고 싱가포르에서 미디어와 통신 연구를 전공하게 됐다. 이 과정은 결국 호주 멜버른에 있는 모내시대학교로 가는 다리 역할을 했고, 그는 학교를 2년 반 만에 우수한 성적으로 졸업했다.

알리는 공부를 하면서도 골프를 포기하지 않았다. 호주에 있을 때 그는 멜버른 골프 아카데미의 유명한 강사에게 레슨을 받는 기회를 얻게 됐다. 강사는 세계 최고 선수들도 가르치는 사람이었다. 마침 그는 본인의 온라인 사업체를 구축할 사람을 찾고 있었는데, 미디어를 전공한 알리가 적임자였다. 골프 강사에게 스카웃 제안을 받은 알리는 순식간에 웹 콘텐츠 담당자로 일하게 됐다.

알고 보니 꿈같은 일자리였다. 골프 연습장이 사무실 옆에 있어서 업무 시간 전후는 물론이고 점심시간에도 연습을 할 수 있었다. 틈틈이 골프를 하며 알리는 평일에는 일을 하고 주말에는 대회에 나갔다. 얼마 지나지 않아 그는 클럽에서 상위권에 진입했고 주 선수권 대회에 출전하게 됐다. 그러나 정상급 선수가 되려면 꾸준하고 끈질기게 연습해야 하는데 알리처럼 정규직으로 근무하는 사람에게는 불가능한 일이었다. 아쉽지만 골프 선수로 경력을 계속 쌓을 수는 없었다.

하지만 알리는 놀라운 점 한 가지를 발견했다. 골프 지식이 놀랍게도 다른 분야에 쓸모가 있다는 사실을 알게 된 것이다.

： 도전을 두려워하면 아무것도 할 수 없기 때문에 ：

새로운 행보를 시작할 때였다. 이번에 알리는 영국으로 가서 디지털 마케팅 경력을 쌓기로 결심했다. 이는 그가 취득한 미디어와 통신 학위를 바탕으로 선택할 수 있는 몇 안 되는 직종 중 하나였다.

영국으로 이사한 지 두 달이 지나 저축한 돈이 바닥날 무렵, 그는 검색 엔진 최적화SEO, Search Engine Optimization(검색 엔진으로부터 어떤 웹사이트에 도달하는 트래픽의 양과 질을 개선하는 작업) 업무를 담당하는 임원으로서 스타트업 회사에 입사할 기회를 얻게 됐다. 문제는 이 분야의 경험이 전무하다는 사실이었다.

게다가 수많은 마케팅 기법 중에서 검색 엔진 최적화는 그가 가장 기피하던 분야였다. 이는 알리가 제일 어려워했던 수학 및 과학적 지식을 요구하는 가장 기술적인 마케팅 기법이기 때문이다. 이를테면 검색 엔진 최적화를 담당하는 사람은 현실의 벽돌과 시멘트라고 비유할 수 있는 인터넷 서버와 데이터베이스를 확실히 이해해야 한다. 페이지 타이틀, 키워드, 백링크 같은 검색 엔진 최적화 순위 요인에 관한 풍부한 지식도 필요하다. 어렵게 모은 통계 데이터를 활용해 고객들이 무엇을 생각하는지 직감적으로 파악하고, 웹 분석 지식을 통해 고객의 불만을 아는 것도 중요하다. 무엇보다도 검색 엔진 최적화 업무를 담당하는 임원이 되려면 검색 엔진 알고리즘 작동에 대한 지식이 필요하다.

하지만 상황이 궁하다 보니 없던 힘이 생겨났다.

: 변화는 깨어 있는 사람에게 온다 :

잠시 코만치족 이야기로 돌아가보자. 그들은 그 시대에 보기 드물게 혁신과 변화에 열려 있었고 덕분에 말이라는 수단의 혜택을 다른 부족보다 더 빨리 누렸다.

말이 가진 능력을 미리 알아본 사람들은 사고방식이 유연하고 몸이 날쌘 혁신가 집단이었을까? 그럴 수도 있다. 아니면 어려운 환경 속에서 살아남기 위해 몸부림치다 보니 생겨난 생존 본능의 영향으로 말이 가져다줄 이득을 유달리 명확히 파악했을지도 모른다. 이 모든 것은 지금 와서 판단하기는 어렵다.

적어도 한 가지는 분명하다. 세상에는 좋든 싫든 과거의 영광에만 집착하는 문화가 있는데, 이런 문화권 아래에서는 유용한 새로운 아이디어가 생겨도 널리 알려지지 못한다는 점이다. 반면에 새로운 아이디어를 너그럽게 받아들이는 문화권도 있으나 이처럼 진보적인 문화권에서도 가장 똑똑하다는 엘리트 집단이 단합해서 있는 힘껏 변화에 맞서는 경우가 있다. 과학자들이 성인의 뇌에서 뉴런이 생성된다는 신경 발생설에 굳게 저항하고, 박테리아가 궤양을 유발할 수 있다는 발상에 반대했던 사례가 이를 증명한다.

여기서 과학의 역사를 짚고 넘어갈 필요가 있다. 과학의 역사는 과학과 비즈니스뿐만 아니라 문화 전반에서 나온 새로운 아이디어가 어떻게 형성되고 흐르는지 그 윤곽을 보여주는 일종의 지도 역할을 하기 때문이다. 그런 과학적 역사 분석에 위업을 남긴 사람이 바로 안경 쓴 물리학자이자 역사학자 겸 과학 철학자 토머스 쿤Thomas Kuhn이다.

쿤은 획기적인 과학 업적들(그는 이를 가리켜 '패러다임 시프트'라고 불렀다)을 검토하다가 어떠한 패턴을 발견했다. 가장 혁명적인 대발견을 한 사람은 대개 두 집단으로 나뉘었다. 첫 번째 집단은 사물을 바라보는 고정관념에 아직 물들지 않은 젊은이였다. 그들은 참신하고 자유로운 발상을 간직하고 있었다.

어쩌면 이 대목에서 당신이 '젊은이'에 속하지 않는다면 아마도 '그러면 나는 아니겠네. 10대도 20대도 아니니까 대발견을 하기는 글렀어'라고 생각할지도 모르겠다. 하지만 잠시 기다려보라. 나이는 많지만 젊은이만큼이나 혁신적인 두 번째 집단이 있다. 바로 전문 분야나 진로 전환에 성공한 사람들이다. 두 번째 집단은 전환적 사고를 갖고 있었기 때문에 나이나 성별에 상관없이 세상의 모든 대상을 참신한 시선을 갖고 바라보았다.

나이가 많든 적든, 전문 분야와 직업을 바꾸거나 새로운 아이디어를 받아들이는 등의 대변화를 겪게 되면 누구나 어린아이가 된 듯한 무력감을 느낄 수 있다. 이는 흔한 일이다. 하지만 변하겠다는 의지력 속에 어마어마한 에너지가 숨어 있다는 사실을 꼭 명심하기 바란다.

: 다른 사람이 하는 일을 나라고 왜 못해? :

아직 현재 진행 중인 알리의 삶은 성공적인 마인드 시프트의 과정을 아주 잘 보여준다.

알리와 나는 런던에서 그의 동료인 광고 담당 임원 로리 서덜랜드Rory Sutherland와 함께한 저녁 식사 자리에서 처음 만났다. 로리와 나는 서로의 일을 높이 평가했다. 당시 알리는 디지털 마케팅 팀에서 5년 정도 정규직으로 일한 상태였다. 일은 즐거웠지만 점점 더 많은 욕심이 생기기 시작했다. 그는 고객에게 구매 전환율이 높은 웹사이트를 만드는 방법을 설명할 때 피상적인 조언만 전하는 데서 그치고 싶지 않았다. 고객 중에 조금이라도 컴퓨터 프로그래밍 기술을 알고 있는 사람이 있으면 어떤 놀라운 일을 달성할 수 있는지 실제로 보여주곤 했다.

또한 알리는 검색 엔진에서 구체적으로 어떤 일이 일어나는지 좀 더 자세히 알고 싶었다. 평소 '저 사람들이 할 수 있는데 나라고 왜 못 해?'라는 생각을 갖고 있던 그는 궁금증을 안고 죽을 수는 없다고 생각하고 마침내 코딩을 배우기로 결정했다.

처음 만났을 때 알리는 내게 많은 학습자가 추천하는 온라인 프로그래밍 수업을 들어봤다고 말했다. 그러나 새로운 지식을 배우려는 대부분의 사람이 그러하듯, 알리 역시 시작 단계에서부터 실패를 마주하게 됐다. 스템STEM(과학Science, 기술Technology, 공학Engineering, 수학Math 분야의 융합 교육) 과목에서 고전했던 과거의 불쾌한 기억이 떠올랐고, 강의 내용이 후반부에 접어들수록 각종 어려움에 부딪혔다. 진도를 빨리 나가는 다른 사람과 자신을 비교하면서 자신감을 상실했다. 나중에 다시 공부를 시작하려고 하면 이미 앞의 내용을 까먹고 다시 원점으로 돌아간 상태임을 발견했다.

그러던 중 알리는 우연히 내가 쓴 책 『숫자 감각』을 발견했다. 그는 책에서 소개한 학습에 관한 통찰력뿐만 아니라 나의 개인적인 사연에도 큰 감명을 받았다고 했다. 이 책에는 내가 수학과 과학을 이해할 수 있도록 근본적으로 뇌를 다시 훈련함으로써 수학 포기자에서 공대 교수가 된 과정을 실었다. 알리는 내가 어릴 때 수학과 씨름했던 이야기가 마치 자신의 과거 같았다고 고백했다.

각고의 노력 끝에 그는 결국 코딩 공부를 정복하여 컴퓨터 작동 방식의 본질을 알게 됐고, 웹 개발 공부까지 시작했다. 실제로 알리가 경험해본 것 중에서 가장 효과적이었던 학습법을 소개한다.

- **휴대전화에 포모도로 앱을 설치한다.** 포모도로 앱은 25분 동안 무언가를 집중해서 학습한 다음 5분 동안 휴식하는 주기로 설정할 수 있다. 단순한 기법이지만 결과보다 과정에 집중하도록 돕는 데 커다란 효과를 발휘한다. 하루 동안 목표로 한 포모도로 횟수를 완수한다면 높은 성취감을 느낄 수 있을 것이다. 혹 완벽하게 해내지 못해도 꾸준히 시도해보라. 나중에 여러 달에 걸쳐 쌓은 포모도로 통계를 보면 해야 할 일을 미루는 습관에 맞서서 잘 싸웠다는 생각이 들 것

이다.

- **청킹**Chunking(의미나 유사성을 기준으로 기억하기 쉽게 정리한 정보 단위 −옮긴이)**을 활용한다.** 학습한 내용을 제대로 이해하고 암기하고 싶다면 마치 익숙한 노래 가사처럼 외울 때까지 파악하고 연습하는 청킹이 효과적이다. 우선 공부할 내용과 주요 개념을 예습하면서 뇌가 학습에 대비할 수 있도록 준비하고 공부 시간을 뒷받침할 틀을 미리 갖춰둔다. 새로운 개념을 배운 뒤 눈을 감고 방금 학습한 내용을 떠올려보라. 제대로 이해했다면 분명히 떠오를 것이다. 만약 그렇지 않다면 다시 공부한다.

- **학습 일정에 맞춰서 여가 활동을 계획한다.** 집중해서 공부를 했다면 죄책감을 느끼지 말고 좋아하는 넷플릭스 드라마나 영화를 보거나, 기타를 치고 음악을 듣는다. 이런 활동을 할 때 뇌는 확산 모드(달리 특별한 생각을 하지 않아서 신경이 휴식하는 상태)에 돌입한다. 단 이때 뇌는 여전히 목표를 향해 돌진하고 있다고 인식한다. 앞서 공부한 내용을 처리하고 있기 때문이다. 그러므로 우리는 여가 시간을 즐김과 동시에 계속 학습하는 상태를 유지할 수 있다.

- **공부에 자신이 좋아하는 것을 비유하거나 더해본다.** 나는 원래 시각 이미지에 강하고 음감이 좋은 편이다. 신나는 사운드트랙과 여러 다채로운 이미지를 떠올리면 2차 방정식도 재밌게 학습할 수 있다.

- **잠들기 직전에 오늘 공부한 내용을 다시 떠올린다.** 물론 이
  때는 집중해서 공부하는 시간은 아니다(그랬다가는 영영 잠
  들 수 없으므로). 그저 개념을 느긋하게 떠올려보는 것이다.
  나는 이 행동이 뇌가 확산 모드로 들어가는 문을 '살짝 여는'
  작업이라고 생각한다. 이 방법을 쓴 뒤 아침에 눈을 떴을 때
  어려운 개념을 명확히 이해할 수 있었던 순간이 여러 번 있
  었다.

- **혼자 있을 때 공부한 내용을 소리 내서 말해본다.** 이는 본인
  을 완전히 초보라고 생각하고 말로 개념을 설명하는 행동
  이다. 혼잣말을 중얼거리는 미치광이처럼 보일 수도 있지만
  개념을 얼마나 제대로 이해했는지 스스로 점검할 수 있는
  최고의 방법이다.

신경과학적으로 입증된 반복의 힘

새로운 분야에서 전문가가 되려면 반복 학습으로 작은 지식 '청크'를 만들어야 한
다. 작은 청크들이 모여 서로 엮이다 보면 서서히 그 분야를 통달할 수 있게 된다.
예컨대 기타 연주처럼 몸을 쓰는 기술을 배울 때 이 과정이 자연스럽게 이뤄지는
데, 결국 수학과 과학을 배울 때도 똑같은 연습과 반복이 적용된다. 주로 뇌를 사
용하는 이 종목 역시 끝없이 연습하고 반복해서 작은 지식 청크를 만들어야 하는
것이다.
예를 들면 어려운 숙제나 예제를 해결한 다음에 해답을 참고하지 않고 처음부
터 문제를 다시 풀어본다. 그리고 다음 날 처음부터 문제를 푸는 연습을 한 번 더
하고 필요시 여러 차례 반복한다. 꽤 어려운 문제라면 며칠에 걸쳐 반복해서 풀

어도 된다. 이런 과정을 거치고 나면 첫날에는 도저히 풀 수 없던 어려운 문제도 일주일쯤 지나면 해결할 수 있게 된다. 유난히 어려운 부분을 의도적으로 연습 Deliberate Practice 했기 때문이다.

물론 모든 문제에 이 방법이 통하지는 않는다. 하지만 기타 코드를 외우듯이 수학·과학 분야에서도 암기해야 하는 핵심 개념 문제 몇 개를 골라서 청크를 통해 완전히 숙지해보라. 그러면 다른 문제를 풀 때 응용할 수 있는 기본 구조를 얻게 될 것이다.

이는 도대체 어떤 원리일까? 그 단서는 뉴욕대학교 랑곤 의료센터 생화학자 광양Guang Yang 이 찍은 광학 현미경 사진에서 찾을 수 있었는데, 일단 인간이 학습한 뒤에 잠을 자면 새로운 주제를 이해하고 통달할 수 있도록 돕는 필수 신경 연결 부위, 즉 새로운 시냅스Synapse(뉴런 상호 간 또는 뉴런과 다른 세포 사이의 접합 부분)가 생긴다. 집중해서 학습한 뒤 잠을 자면 마치 마법처럼 새로운 시냅스 연결이 생성되는 것이다. 이 같은 연결이 바로 학습을 뒷받침하는 물리적인 구조가 된다.

다만 하룻밤 사이에 생겨나는 시냅스의 개수는 정해져 있다. 그러므로 무엇이든 며칠에 걸쳐 간격을 두고 지속적으로 공부해야 한다. 특히 여러 날에 걸쳐서 연습하면 신경 경로가 늘어나는 동시에 강화된다.

그리고 새로운 시냅스 연결에서 비롯되는 깨달음의 순간이 얼마 가지 못하는 경우도 있다. 처음으로 생성이 시작된 후 반복해서 학습하지 않으면 그 연결은 금방 사라진다. 반복 학습이 중요한 이유는 바로 여기에 있다.

그렇게 1년이 흘렀다. 알리는 프로그래밍 및 사업 개발과 관련된 여러 온라인 강의를 들었고, 그의 인생은 더 높이 도약했다. 다니던 회사에서 부장으로 승진했으며 지금은 공동 경영자가 되었다. 꿈에 그리던 여성과 사랑에 빠져서 약혼도 했다.

지금 그의 가장 큰 화두는 '자기 인식'이다. "곧 서른두 살이 됩니다. 성공하기 위한 최선의 방법은 강점에 집중하는 동시에 개선하고 싶은 약점을 신중하게 고르는 것이죠. 결혼 생활을 코앞에 둔 지금, 저는 가장으로서 맡게 될 책임에 대해서도 생각 중입니다."

또한 알리는 일과 공부를 병행한 덕분에 웹 개발과 데이터 분석 지식을 남들보다 더 많이 쌓을 수 있었다. 현재 그는 유능한 자신의 팀이 공동의 목표를 향해 나아갈 수 있도록 동기를 부여하는 데 전념하고 있다. 장기적인 목표는 한때 그가 몸담았던 스포츠 분야에 디지털 마케팅 기술을 결합하여 회사를 창업하는 것이라고 한다.

사실 그는 프로 골프 선수가 되지 못한 것을 비롯해 이전에 실패한 일을 두고 계속해서 자기 자신을 책망했다. 그러나 지금은 많은 실패의 경험이 인생에 큰 도움이 되었다는 것을 잘 안다. 여태껏 배운 교훈과 기술이 지금 하고 있는 일은 물론이고 경력 전반에 걸쳐 도움을 주었기 때문이다. 이 모든 것을 직접 겪고 느낀 알리는 다음과 같이 말했다.

"진로를 바꾸고 싶은데 용기가 나지 않는다면 이것을 기억하세요. 당신이 하고 싶은 일을 당신보다 더 잘하는 사람은 언제나 있기 마련입니다. 당신은 자신만의 여정과 경로를 걷고 있으며, 다른 누군가의 '못난 버전'이 아니라 자기가 될 수 있는 '최선의 자신'이 되고 있다는 생각을 가져야 합니다.

누구나 자기 자신을 주변 사람과 비교하죠. 하지만 저는 이렇게 생각하기로 했습니다. 정서적 성숙도, 창조력, 훈련, 승진, 경제적 안정성 등 인생의 다양한 측면을 나타내는 수많은 그래프가 있다면 이는 사람마다 다른 궤적을 그리기 마련이라고.

예를 들어 골프 대회에서 당신에게 압승한 사람이 있다고 칩시다. 어쩌면 그 사람은 당신의 기타 실력이 부러워서 미칠 지경일지도 모릅니다. 혹은 어느 강의에서 당신이 고전하고 있던 프로그래밍 문제를 손쉽게 풀어내는 학생이 있나요? 아마도 당신이 그 사람의 프로그래밍 능력에 감탄하는 만큼 그는 당신의 추론 능력과 창조적인 글쓰기 실력에 감탄하고 있을 겁니다. 명심하세요. '당신의 진실'에 집중한다면 언젠가 목표하는 곳에 가 닿을 것입니다."

： 오직 현재에 집중할 것 ：

과거 골프 코치가 알리에게 알려준 가장 귀중한 교훈 중 하나는 바로 감정과 태도를 통제하는 것이었다. 사실 골프는 짜증이 나기 쉬운 스포츠다. 재수 없게 공이 한 번 튄다거나 선수가 잠시만 집중력을 잃어도 이길 가능성이 현저히 낮아진다. 실제로 알리 역시 대회에서 경기가 원하는 방향으로 풀리지 않을 때면 큰 좌절감을 맛보곤 했다.

이때 코치가 건넨 최고의 조언이 바로 이 말이었다. "과거는 과거일 뿐입니다. 우리는 과거를 바꿀 수는 없어요. 단지 다음 샷을 대하는 태도만을 통제할 수 있죠. 지금 이 세상에서 가장 중요한 것은 바로 다음 샷입니다."

스승의 지혜를 잊지 않고 인생의 다음 단계에 적용한 알리는 이렇게 말했다. "온라인 학습은 우리 세대가 누릴 수 있는 가장 큰 특권이자 혜택입니다. 하지만 통계나 프로그래밍처럼 복잡한 내용을 혼자서 공부하다 보면 짜증이 솟구칠 때가 많아요. 저 역시 코딩 프로그램을 공부할 때 그랬어요. 작은 점 하나만 빠져도 프로그램이 작동하지 않죠. 절차에 실수 하나만 발생해도 잘못된 수치가 나옵니다. 이런 순간에 저는 골프 수업에서 배운 교훈을 따르려고 노력했습니다. 먼저 불쾌한 감정을 인정하고 심호흡을 한 뒤, 다음에 어떤 해결책을 적용하면 될지 생각하고 그것에 집중했습니다. 누구나 실수하고 잘못할 수 있습니다. 중요한 것은 그다음의 자세입니다."

물리학자에서
신경과학자가 되기까지

◆

세계 최고 명문인 프린스턴대학교에 재학 중이던 테런스 세즈노스키는 모두가 인정하는 뛰어난 물리학자였다. 평온한 미래가 보장돼 있었지만, 그는 자기가 가진 것에 안주하지 않고 모험의 길로 들어섰다. 주변의 비난에도 불구하고 기꺼이 위험을 무릅쓰고 변화를 시도했고 그 결과 막대한 결실을 거두었다.

테런스 세즈노스키는 넓은 이마에 시원스러운 미소가 매력적인 사람이다. 운동으로 다져진 군살 없는 몸매를 보면 그가 60대 후반이라는 사실이 믿기지 않을 정도다.

야자수가 늘어선 거리를 걷거나 캘리포니아주 라 호야 근처 해변에서 조깅을 하는 테런스와 마주치면 아무도 그가 누구인지 알아보지 못할 것이다. 심지어 이웃 주민들도 그가 미국 정상의 국립과학학회, 의학학회, 공학학회 세 곳에 동시에 소속된 몇 안 되는 사람 중 한 명이라는 사실을 잘 모른다. 그는 신경과학계에서도 전설적인 존재다. 테런스는 미국 유수의 연구소를 돌면서 일했고, 지금은 여러 회의에 참석하면서 동료 연구자들과 공동 연구를 진행하고자 세계 곳곳을 돌아다니는 중이다.

그러나 1960년대 당시 20대였던 테런스는 그저 평범한 학생이었다. 똑똑한 우등생에 속하기는 했지만 생물학 수업을 듣는 바람에 여자친구와 이별하게 된다는 사실은 예측하지 못한 평범한 청년이었다.

오하이오주 클리블랜드에서 자란 테런스는 초등학생 때부터 이미 과학에 푹 빠져 있었다. 고등학교에 다닐 무렵에는 무선 통신 동아리를 이끌었다. 동아리 고문이었던 마이크 스티맥Mike Stimac은 학생들에게 무엇이든 크게 생각하라고 격려하면서, 학교 건물 꼭대기에 설치한 업무용 무선 송신기와 안테나를 이용해 달까지 신호를 보냈다가 반사되는 신호를 다시 받는 문바운스Moonbounce 같은 프로젝트를 진행했다. 테런스의 인생에 중요한 역할을 한 스티맥은 비행 동아리 고문도 맡았다. 마찬가지로 테런스는 이 동아리에도 가입하여 비행에 필요한 지식을 배웠다.

그는 본인이 지나온 길을 되새기며 다음과 같이 말했다. "성공하기 위해서 꼭 우등생이어야 하거나 똑똑할 필요는 없어요. 제가 물건을 만들고, 목표를 세우고, 장기 프로젝트를 계획하는 법을 배운 곳은 바로 고등학교 무선 통신 동아리였습니다. 동아리 회장 자리를 맡으면서 사람들이 목표를 향해 나아가도록 만드는 법도 배웠죠. 그러니까 정규 교육 과정이 제 미래를 결정하지는 못했습니다."

1968년 케이스웨스턴 리저브대학교에서 물리학 학사 학위를 딴 테런스는 미국 국립과학재단 연구 장학금을 받고 프린스턴대학교에서 이론 물리학을 공부하게 되었다. 이곳에서 그는 인생의 첫 번째 멘토를 만났다. 무려 '블랙홀Black hole'이라는 용어를 만들고 일반 상대성 연구를 이끌었으며 전설적인 맨해튼 계획Manhattan Project(미국 정부가 극비로 추진했던 원자폭탄 개발 계획 −옮긴이)에도 참여했던 존 휠러John Wheeler가 그의 석사 과정 지도 교수였다.

휠러는 테런스에게 늘 폭넓고 다양하게 생각하라고 가르쳤다.

어느 날 테런스가 "콩알만 한 블랙홀이 있다면 어떤 일이 일어날까요?"라고 질문하자 휠러는 "참 엉뚱한 발상이구나. 하지만 '충분히' 엉뚱한 발상은 아니야"라고 대답했다.

테런스는 이 말이 두고두고 기억에 남는다고 했다. 태양계만큼 거대한 물체를 티스푼 4분의 1 크기에 끼워 넣는 발상조차도 휠러가 만족할 만큼 색다르지는 않았던 것이다.

: 남보다 뛰어난 재능 :

하지만 테런스는 물리학에만 집중하지 않았다. 그는 프린스턴대학교에서 공부하면서 세상에는 똑똑한 사람이 아주 많다는 것을 확실히 알게 됐다. 전문 분야를 연구하려면 지적 능력이 필수지만 그것만으로 충분하지 않다는 사실도 깨달았다. "때론 높은 지능이 불리하게 작용기도 해요. 지능이 높은 사람은 선택지를 보는 동시에 장벽도 보게 되죠. 똑똑할수록 쉽게 단념하는 특징이 있어요."

프린스턴대학교에 진학한 지 얼마 되지 않았을 때 테런스는 '은하 한가운데 있는 거대한 블랙홀은 어떤 모습일까?'라는 주제로 연구를 시작하고자 했지만 주변 교수 모두가 이를 무시했다. 하지만 나중에 다른 연구자가 똑같은 주제로 논문을 냈을 때 대대적으로 높은 평가를 받았다. 이를 계기로 테런스는 끈기 역시 핵심이라는 깨우침을 얻게 됐다.

휠러 교수 밑에서 배우는 동안 테런스는 물리학에서도 가장 어려운 문제들을 다루며 지식과 통찰력을 키워나갔다. 교수는 계속해서 중요한 가르침을 줬다. "테런스, 누구나 실수를 저질러. 하지만 실수했을 때 고집은 부리지 마. 최대한 그 길에서 빨리 벗어나고 그냥 털어버려."

시간이 지나자 물리학은 테런스의 의식 전부를 차지하는 수준에 이르렀다. 당시 프린스턴대학교는 고전 역학부터 양자 물리학, 전기와 자기, 열역학, 통계 역학, 응집 물질 물리학, 소립자 물리학, 일반 상대성 이론에 이르기까지 대학원 과정 학생들이 배우는 거의 모든 물리학 지식을 입증하는, 그야말로 진 빠지는 전체 시험을 일주일에 거쳐 치르는 곳이었다.

이런 자격시험은 세계 각지 박사 과정에서 흔히 볼 수 있다. 특이한 점은 똑똑한 학생들과 즐겁게 교류하는 프린스턴대학교 물리학과 교수들이 매년 점점 더 어려운 문제를 내기 시작했다는 사실이었다. 교수들은 저마다 고유 분야에서 가장 어렵고 복잡한 내용을 캐묻는 질문들을 고안해냈다. 그렇게 만든 문제를 시험 하나에 몰아넣자 시험의 난이도는 그저 높은 정도가 아니라 도가 지나칠 정도로, 풀기가 거의 불가능한 수준이 되었다. 심지어 우수한 학생들이 학교를 그만두기 시작했다.

결국 물리학과 교수들이 시험 문제를 직접 풀어보자는 명안이 제기됐고 실제로 이뤄졌다. 어려운 시험이었음이 입증됐다. 정말 똑똑한 교수 중에서도 낙제하는 경우가 생긴 것이다. 학교는 문제 수준을 하향 조정하기로 했다.

하지만 시험 난이도를 조정하기 전, 이미 테런스는 지독하게 어려운 시험을 쳤고 우수한 성적을 거뒀다.

： 눈을 돌리면 답이 보인다 ：

석사 과정을 밟을 때 그는 일반 상대성 이론에 집중했다. 당시 이론 소립자 물리학에서 끈 이론String Theory(만물의 최소 단위가 점이 아닌 진동하는 끈이라는 이론)이 가장 중요한 주제 중 하나였는데, 그 내용이 점점 난해해지는 바람에 테런스는 큰 어려움을 겪었다.

마침내 실험 연구에서 조그마한 진전이라도 이루기 위해서는 결국 우주에서 대폭발이 일어나거나 혹은 거대한 가속기가 필요한 수준에 이르렀다. 물론 가속기를 작동하려면 엄청난 에너지가 필요했다. 연구 끝에 물리학자들은 유의미한 결과를 낼 수 있을 만큼 큰 소립자 가속기를 만들려면 무려 1년치 예산이 필요하다는 사실을 알게 됐다. 마찬가지로 우주학 분야도 비슷한 문제를 겪고 있었다. 그들의 연구에는 어마어마하게 비싼 인공위성이 필요했다.

테런스가 이런 문제를 처음 접했을 때는 마치 수평선 너머 저 멀리 있는 먹구름을 보는 듯한 기분이 들었다. 그는 그날그날 머리를 짜내서 물리학 개념을 끌어내기 바빴기 때문에 그런 문제를 두고 진지하게 고민할 여력이 없었다. 그저 계속 몰려오는 발견, 새로운 결과와 이론이 머릿속에 떠오르는 순간을 즐겼다. 갈수록 자신의 지식이 깊어지는 것이 뿌듯했다.

그리고 박사 시험을 통과한 이후로 테런스는 연구에만 몰두하지 않았다. 친구들과 어울리며 영화를 보러 가고 외식도 했다. 게다가 똑똑하고 아름다운데다 카리스마까지 넘치는 여자친구도 있었다. 사실 테런스는 결혼 상대로도 완벽했다. 세계적으로 이름 높은 지도 교수 밑에서 상대성 이론을 공부하는 프린스턴대학교 학생보다 학력이 더 높기란 어려울 것이다. 여러 측면에서 그는 전도유망한 청년이었다.

하필 그때 먹구름이 가까이 다가오기 시작했다. 테런스의 머릿속에 물리학 공부를 계속해도 좋을까 하는 의문이 생긴 것이다. 연구하는 내내 "당신이 원하는 장비를 만들 비용이 없어요"라는 말을 듣게 된다면 기분이 어떻겠는가?

물론 첫사랑이나 다름없는 물리학에 너무나 많은 시간과 노력을 투자했던지라 진로 변경이 썩 내키지는 않았다. 그러나 '다른 길을 찾아야 할까?'라는 생각을 쉽게 떨쳐낼 수 없었다. 막대한 비용이라는 제약과 싸우지 않아도 될 분야가 있지 않을까? 상대성 이론의 발전을 성스러운 연구로 여기는 프린스턴대학교 물리학과에서 그런 생각을 한다는 자체가 거의 죄악처럼 느껴지기도 했다.

원래 테런스는 다른 분야에도 관심이 많은 편이었다. 생물학을 전공하는 친구를 사귄 덕분에 한번은 저명한 신경생물학자 마크 코니시Mark Konishi의 신경동물행동학 강의도 듣기도 했다. 신경동물행동학은 부엉이가 소리를 이용해서 먹잇감이 있는 곳을 알아내는 방법과 새끼 새가 다른 종의 새소리와 자기 종의 새소리를 구분하는 방법 등 동물이 자연스럽게 하는 행동을 연구하는 데 물리을 적용한 분야다.

이를 계기로 테런스는 생물학에도 흥미를 갖고 색다른 각도에서 바라보기 시작했다. 마침 예일대학교에서 온 초빙 교수 척 스티븐스Chuck Stevens의 강의가 그에게 새로운 지적 자극을 주었다. 교수는 각 신경이 서로 의사소통하도록 돕는 뇌의 연결 부위인 시냅스는 사실상 신뢰하기 어렵다고 말했고, 테런스는 '어떻게 뇌는 그렇게 신뢰성이 떨어지는 부위로 돌아갈 수 있을까?'라는 의문을 품게 됐다. 그때부터 그는 세상에 서로 무척 다른 두 가지 세계가 있다는 사실에 눈을 뜨게 됐다.

두 세계 중 하나는 뇌의 '바깥쪽' 세계로, 수십억 광년 떨어진 우주는 물론 1000조 분의 1 정도 크기인 원자도 포함하는 영역이다. 이토록 아름다운 거시 세계와 미시 세계가 모두 물리학 영역 안에 있다. 그러나 뇌의 '안쪽' 세계도 있다. 신비롭기 그지없는 인간의 생각과 감정, 의식이 자리 잡은 곳. 이를 연구하는 분야에 '신경과학'이라는 새로운 이름을 막 사용하기 시작한 때였다.

그러나 적어도 1970년대 말까지 신경과학은 상대성 이론 연구 같은 무게감을 지니지 못했고, 아기 걸음마 단계에 불과했다. 사실 신경과학 연구로 경력을 쌓기란 불가능해 보였다. 온갖 칭송을 다 듣는 물리학 연구에 비하면 생물학은 자체 평판도 초라했다.

그의 모습을 보고 여자친구의 부모 역시 기겁했다. 물리학 우등생인 테런스가 생물학에 관심을 보인다고? 그들의 눈에 테런스는 진지하게 세계 정상급 경력을 쌓고자 노력하는 대신 이 분야, 저 분야를 넘보는 '바람둥이'였다. 결국 몇 주 동안 신경전을 벌인 끝에 테런스는 여자친구와 헤어졌다.

정서적으로 타격이 컸지만 이를 계기로 테런스는 자신의 위치를 다시 돌아봤다. 그는 프린스턴대학교 신경생물학 교수 찰스 그로스Charles Gross와 앨런 겔페린Alan Gelperin의 연구실에 드나들기 시작했고, 결국 자신의 진로를 다른 방향으로 틀었다. 존 휠러와 상대성 이론을 연구하는 대신, 물리학에서 신경과학으로 전공을 바꾼 경험자인 학자 존 홉필드John Hopfield 밑에서 박사 과정을 밟기로 한 것이다.

홉필드는 1950년대 말에 전자가 주변 고체와 결합했을 때 발생하는 일종의 소립자 같은 물질인 폴라리톤Polariton(빛과 전자의 두 가지 성질을 가진 입자)에 관한 획기적인 논문을 발표했다. 그 밖에도 여러 연구를 한 끝에 그는 기억을 구성하는 신경회로를 이해하는 데 기여한 '홉필드 망' 모델을 발표함으로써 유명해졌다.

테런스가 물리학에서 신경과학으로 전공을 옮기기까지는 거의 몇 년이 걸렸다. 그는 낮에는 생물학 수업을 듣고 밤에는 물리학 학위 논문을 쓰며 이중생활을 했다. 홉필드는 그를 격려해주었다.

이어서 테런스는 노벨상을 수상한 데이비드 허블David Hubel과 토르스텐 비셀Torsten Wiesel의 시각 피질에 관한 연구에서 영감을 얻어 신경망 모형에 관한 논문을 여러 차례 발표했다. 그는 이렇게 발표한 논문들을 「비선형 상호작용 뉴런의 확률적 모형」이라는 제목으로 정리해서 박사 논문으로 제출하기도 했다.

: 쳇바퀴를 경계할 것 :

과학계에서는 연구자들이 특정 문제를 해결하는 데 필요한 기법을 몇 년에 걸쳐 습득하는 경우가 흔하다. 주로 영상화 방법이나 데이터 통계 분석 방법 위주인데, 다만 대부분이 연구하는 내내 이런 기법을 변형해서 적용한다.

이를 두고 테런스는 다음과 같이 지적했다. "같은 주제를 조금씩 변형해서 경력을 쌓는 과정이 과학계에만 나타나는 현상은 아닙니다. 많은 이들이 기술을 습득하고 나면 그것을 반복해서 사용하죠. 하지만 시간이 흐르다 보면 결국 쳇바퀴만 도는 꼴이 됩니다. 혹은 업계 양상이 바뀌면서 새로운 기술의 필요성을 깨닫게 돼요. 하지만 새로운 길로 나아가기 위해 필요한 기술을 일찍 익히지 못하는 경우도 있어요. 이런 측면에서 과학계는 특히 어려움에 부딪힙니다. 거의 10년이란 시간을 들여도 한 분야에서 박사 학위를 따는 데 그치죠. 다른 학문에 있어서는 여전히 아마추어예요."

홉필드 교수는 물리학에서 생물학으로 진로를 전환해서 성과를 거둘 수 있다는 사실을 직접 증명해 보였다. 테런스도 자신감을 갖고 나름의 목표를 세웠다. 생물학, 특히 뉴런에 관한 이해도를 높이기 위해 물리학에서 사용하는 수학 모델링 기법을 적용하겠다고 결심했고, 동시에 생물학적 지식을 쌓겠다고 다짐했다. 멘토 앨런 겔페린은 우선 뉴런부터 확실히 파악해야 한다고 조언해주었다.

신경과학 연구에 필요한 배경 지식을 미리 쌓는다고 해도 전공을 옮기는 일은 결코 쉽지 않다. 당시 미국에는 신경과학과를 개설한 대학조차 많지 않았다. 그렇다 보니 직장을 구하기도 힘들 것이 분명했다.

: 자신에게 적합한 장소를 찾아라 :

그 시절 미국에서 신경생물학 연구가 가장 활발하게 이뤄진 장소는 바로 하버드대학교였다. 하지만 테런스는 하버드대학교에서 수백 킬로미터가량 떨어진 프린스턴대학교에서 물리학 박사 과정을 밟고 있었다. 물리학 연구의 범주에서 벗어나지 않도록 조심스럽게 뉴런에 관심을 기울이기는 했지만 그곳에서 신경생물학을 제대로 배울 수는 없었다.

그러던 중 1978년 여름, 보스턴에 있는 우즈홀 연구센터에서 신경생물학 강좌가 열렸다. 우즈홀이 격식을 차리지 않는 곳이라는 소문을 들은 테런스는 프린스턴대학교 학생들이 평소에 주로 입는 복장인 흰 셔츠와 정장 재킷을 챙겨 입었다. 넥타이도 매지 않았다.

이 복장 덕분에 테런스는 동료 수강자와 여름학교 교수진과 가까워졌다. 나중에 미국 국립보건원 산하 신경질환뇌졸중연구소 소장이 된 신경생물학자 스토리 랜디스Story Landis는 그에게 청바지를 사주기도 했다. 랜디스의 도움은 단순히 옷을 사주는 데서 그치지 않았다. 그녀와 그해 여름 강좌에 참석했던 여러 사람의 도움으로 테런스는 마법과 같은 1978년 여름을 시작하며 새로운 분야로 패기 있게 뛰어들었다.

신경생물학의 내용은 어려웠지만 테런스는 그 어느 때보다 열심히 공부했다. 동시에 짜릿했다. 교수진은 세계 최고 수준이었고 강좌는 6월부터 8월까지 이어졌다. 그러나 테런스는 9월에도 우즈홀에 머무르면서 가오리의 전기 수용기 연구를 마무리 지었다. 나중에 이 연구로 생물학 분야의 첫 논문을 작성해 발표했다.

우즈홀 연구실에 가만히 앉아 있던 어느 날, 갑자기 전화벨 소리가 울렸다. 전화를 건 사람은 하버드대학교 신경생물학 교수 스티븐 쿠플러Stephen Kuffler였다. 그는 테런스에게 박사 학위를 받은 후 하버드로 와서 같이 연구하지 않겠냐고 제안했다. 이는 거의 성 베드로St. Peter가 친히 건 전화를 받은 것과 같았다. 쿠플러는 '현대 신경생물학의 아버지'로 불리는 인물이었다. 실제로 그는 노벨상 수상이 확실시되었으나 일찍 사망하는 바람에 실제로 수상하지는 못했다 (노벨상은 생존 인물에게만 수여한다).

쿠플러의 전화는 일종의 신호였다. 그렇게 테런스는 신경생물학의 중심지로 진출했다. 하지만 마냥 순조롭지만은 않았다. 그는 박사 학위 논문을 매듭짓기 위해 바쁘게 움직였고 그런 다음 쿠플러의 연구실에 합류하고자 하버드대학교로 떠났다.

능력이 열쇠다

테런스가 하버드대학교에 갈 수 있었던 이유는 단순하다. 그는 본인에게 필요한 전문 지식을 얻기에 하버드대학교가 가장 적합한 곳이라는 사실을 잘 알고 있었다. 즉, '본인이 원하는 분야의 지식을 잘 아는 것'이 가장 중요하다. 예를 들어 식당 경영자가 필요한 지식을 얻기 위해서 하버드대학교에 갈 필요는 없다. 식당을 운영하려면 테이블을 치우는 일부터 매니저에 이르기까지 모두 직접 경험해서 파악하면 된다.

당신이 이미 잘 아는 분야나 잘 알고 싶은 분야를 생각해보라. 노트에 '능력이 열쇠다'라는 제목을 쓰고 당신이 앞으로 하고 싶은 일을 완전히 숙지하기 위해 지금까지 무엇을 해왔는지, 혹은 앞으로 무엇을 해야 할지에 관한 생각을 적어보라.

∶ 때론 무시가 답이다 ∶

하지만 새로운 곳에서 테런스의 강점이 불리하게 작용했다. 그는 당장 자신이 기술자로 굴려지기 십상이라는 사실을 깨달았다('새로 온 테런스라는 녀석이 컴퓨터를 잘 다룬대. 불러서 프로그램 좀 만들어달라고 하자'). 그래서 테런스는 박사 연구원으로 일하는 3년 동안 절대 컴퓨터를 건드리지 않기로 다짐했다. '선택적으로 무시'한 것이다. 오로지 신경생물학 연구에만 몰두했다.

새로운 분야에 집중하겠다는 테런스의 수고는 마침내 결실을 맺었다. 그는 하버드대학교 신경과학과를 졸업한 연구원은 아니었지만 그들과 다를 바 없이 뛰어난 점을 입증해 보였다. 게다가 테런스는 다른 사람에게 없는 강점을 갖고 있었다. 그는 새롭게 배운 신경과학이라는 도구 아래에 세상을 모델링하는 방법을 제시해줄 물리학 지식을 감춰두고 있었던 것이다.

또한 하버드대학교는 박사 연구원을 대상으로 화술을 가르쳤는데, 그곳에서 테런스는 뛰어난 말솜씨까지 갖게 됐다. 내가 그를 처음 만나게 된 것도 이와 관련이 있다. 몇 년 전 나는 미국 국립과학원에서 어떠한 연구 주제를 발표한 적이 있다. 그 행사에서 세계 정상급 연구자들과 만난 나는 마치 사자 무리에 뛰어든 약한 짐승이 된 기분이 들었다. 하지만 사회를 맡은 테런스가 뛰어난 화술로 마음을 편안하게 해주었다. 우리는 사람들이 어떻게 배우고 달라지는지를 함께 이야기하면서 자연스럽게 친구가 됐다.

: 열린 마음을 유지하기 :

국립과학원의 행사가 끝나고 약 1년 반이 지난 7월의 어느 맑은 날, 나와 내 남편은 샌디에이고 근처 소크연구소 옆에 있는 글라이더 이착륙지에서 테런스와 의사 겸 연구자인 그의 멋진 아내 비어트리스 골롬Beatrice Golomb과 함께 시간을 보냈다.

테런스는 행글라이더와 패러글라이더가 절벽 가장자리에서 바다 위 120미터 상공으로 날아오르는 모습을 보면서 창조성과 진로 전환에 대해 천천히 이야기했다. "한 분야에 완전히 융화될 때 생기는 약점이 있습니다. 분야마다 문화가 다르니까요. 어떠한 문화에 익숙해질수록 다른 문화로 옮겨가기가 어렵죠."

이제 신경과학은 많은 이들이 꿈꾸는 분야가 됐고, 테런스처럼 신경과학으로 전공을 바꾸는 이과 학생들 또한 늘어났다. 사람들의 변화를 최전선에서 바라본 테런스는 다음과 같은 말을 남겼다. "진로 전환은 새로운 연애를 시작하는 것과 비슷해요. 아주 오랜 시간이 걸리지만 그 과정은 흥미진진하고 절로 활기가 생기죠. 예를 들어 의학을 계속 전공하더라도 전문 분야만 바꾸면 삶의 새로운 활력소와 통찰력까지 얻을 수 있어요."

통찰력은 주로 새로운 지식을 처음으로 배울 때 떠오르곤 한다. 해당 분야의 지식을 충분히 익히고 나면 그 대상을 새로운 시선으로 바라보려는 노력을 기울이지 않기 때문에 통찰력을 한결같이 유지하기란 쉽지 않다.

당연하게도 새로운 통찰력을 얻으려면 사실을 있는 그대로 열린 마음으로 받아들여야 한다. 본인이 얻고 싶은 내용이나 대부분이 맞다고 생각하는 것에 집착해서는 안 된다. 참고로 테런스의 아내 비어트리스는 콜레스테롤을 낮추고 인간의 수명을 연장하기도 하는 약품인 스타틴Statin이 근육통과 기억 장애 같은 문제를 일으킬 수 있다는 연구 결과를 처음으로 발표한 연구자이다. 그러나 이 사실을 발표하기까지 많은 어려움을 겪어야만 했다. 학술지 검토 위원들은 스타틴이 부작용이 거의 없는 약품이라는 기존의 기대에 반하는 연구 결과를 승인하기가 꺼림칙하다고 여겼기 때문이다.

: 똑똑한 사람들이 실수하는 이유 :

테런스는 자신이 몸담았던 분야에 대해서 오랫동안 깊이 생각하고 자문했다. 그는 물리학이 학술계의 월스트리트, 즉 '우주의 창조주'라는 자만심에 물든 분야라고 고백했다(내가 테런스를 좋아하는 이유 중 하나가 바로 자만심이 없다는 점이다. 물론 지적 능력이 대단히 뛰어난 대부분의 사람이 그렇듯, 그도 성급한 속단으로 잘못된 결론을 내리곤 한다. 그러나 테런스는 일단 실수를 알아차리면 금방 잘못을 시인하고 방향을 바꾼다. 또한 본인이 생각해냈다는 이유만으로 그 발상을 고집하지 않는 보기 드문 사람이다).

일반적으로 물리학자들은 물리학이 세상에서 가장 습득하기 어려운 학문이며, 스스로가 가장 똑똑한 연구자라고 생각하는 경향을 보인다. 물론 물리학은 실제로 지능이 높은 사람들이 많이 모인 분야 중 하나이다. 다만 똑똑함과 자만심으로 뭉친 그들은 종종 황당한 실책을 저지르곤 한다.

한번은 테런스가 잘 아는 캘리포니아공과대학교의 저명한 이론 소립자 물리학자가 신경과학을 연구하기로 결심했다. 신경과학 지식이 부족했지만 일류 학자였던 그는 연구실을 만들고 재능 있는 박사 연구원을 고용해서 그들에게 이런저런 지시를 내리기 시작했다. 하지만 전부 허사로 돌아갔다. 연구실은 혼란의 상태에 빠지며 해체됐다.

이유가 무엇이었을까? 바로 물리학자의 자만심 때문이었다. 한 분야를 통달했다는 이유만으로 다른 분야도 금방 깨우칠 수 있다고 생각해서는 안 된다. 그가 너무나 성급하게 판단을 내린 바람에 모든 것이 수포로 돌아간 것이다.

반대로 성공적인 전환을 이룬 연구자도 있다. 실험 소립자 물리학자 제리 파인Jerry Pine은 신경과학으로 진출하는 다른 방법을 보여줬다. 캘리포니아공과대학교 정교수였던 파인은 경력의 정점에서 진로를 바꾸기로 결심했다. 그는 테런스와 함께 우즈홀에서 열린 신경생물학 강좌를 들었다(이를 설명하던 테런스는 파인이 처음부터 청바지를 입고 있었다고 소심하게 덧붙였다). 당시 강좌에 참석한 물리학자는 파인과 테런스뿐이었고 나머지는 모두 생물학자였다.

파인은 가족과 함께 세인트루이스로 이사해 워싱턴대학교 말단 박사 연구원으로 3년간 근무하면서 신경과학계에 발을 들였다. 이후 그는 전자 칩을 만들어 뉴런의 상호작용 과정을 밝혀냈다.

테런스와 파인, 두 사람이 성공적으로 해냈지만 두 번째 분야를 학습하려면 아주 긴 시간이 걸린다. 두 번째 분야가 첫 번째 분야와 완전히 다르다면 더 많은 시간이 필요할 것이다. 그러므로 지식을 배울 수 있는 적합한 장소와 도와줄 사람들이 있는 곳을 찾아야 한다. 배우는 과정에서 난관을 만날 가능성도 높다는 것을 인지해야 한다. 사실 처음에는 한 걸음씩 나아갈 때마다 두 걸음 퇴보하는 기분을 느낄지도 모른다. 하지만 운이 좋다면 예전에 배웠던 기술을 새 기술과 결합면서 조금씩 나아갈 수 있을 것이다.

매일 똑같이 돌아가는 쳇바퀴에 매몰되지 않으려면 테런스와 파인처럼 열린 마음으로 변화에 다가서야 한다. 배우는 과정에서는 끈기와 더불어 겸손도 중요하다. 이런 특질을 지닌 사람들은 새로운 곳에 가서도 수월하게 자리를 잡는다.

： 된다고 생각하면 정말 그렇게 된다 ：

잠시 플라세보Placebo 효과에 대해서 알아보자. 플라세보가 그토록 강력한 효과를 나타낼 수 있는 원인은 무엇일까? 전전두엽 피질에서 형성되는 우리의 의식적인 사고는 몸 전체에서 발생하는 신체 변화에 박차를 가한다. 예를 들어 간호사가 앞으로 받을 처치가 아플 것이라고 말하면 순식간에 몸의 스트레스 호르몬 수치가 상승하고, 통증을 증가시키는 콜레시스토키닌Cholecystokinin 체계를 활성화하는 노세보Nocebo 효과로 인해 더 큰 고통을 느끼게 된다. 마찬가지로 특정 물질이 통증에 효과가 있다고 믿으면 설사 설탕물이나 소금물과 같이 아무 효과가 없는 것을 섭취해도 긍정적인 믿음 자체가 체내에서 자연적으로 마약 분비를 활성화하여 통증을 줄일 수 있다. 또한 그 효과는 며칠이나 지속되기도 하며, 투여한 약물이 진짜가 아니었다고 밝혀진 뒤에도 이어질 만큼 강력하다. 이처럼 인지와 생각은 우리 몸에 아주 큰 영향을 미친다.

지각의 변화로 바꿀 수 있는 대상은 통증에만 국한되지 않는다. 예를 들어 첫 번째 밀크셰이크가 두 번째 밀크셰이크보다 더 큰 포만감을 준다고 믿으면, 첫 번째 밀크셰이크는 공복 호르몬인 그렐린 Ghrelin 수치를 줄이는 데 효과를 보인다. 면역 억제제를 넣은 이상한 맛이 나는 음료를 마시면 나중에는 맛만 살짝 봐도 몸의 면역 억제 작용을 유발할 수 있다. 두렵고 험악한 광경을 봤을 때 나타나는 불쾌한 반응을 줄여주는 불안 완화제 역시 나중에 플라세보로 대체해도 같은 효과를 나타낼 수 있다.

결국 앞으로 일어날 일에 관한 예측과 그 바탕을 이루는 맥락은 그것이 좋은 것이든 나쁜 것이든 우리 정신과 신체에 강력한 영향을 미칠 수 있다. 인지 행동 치료가 눈에 띄는 성공을 거두는 이유도 마찬가지다. 그러므로 당신이 무엇을 배우고 무언가가 되고자 할 때 성공을 뒷받침하는 요소 중에는 예측과 인지도 있음을 명심하자.

: 새로운 일을 시작하기로 마음먹었다면 :

테런스와 비어트리스의 친구인 프랜시스 크릭은 삶을 전환하는 데 있어 예측과 인지가 얼마나 중요한지 잘 알고 있었다. 그는 생명체의 암호인 DNA를 발견한 위대한 인물 중 한 명이다. 그는 30대

초반에 이미 전문 분야를 한 차례 바꿨는데, 이는 노벨상 수상으로 이어진 획기적 연구를 탄생시킨 전환이었다.

제2차 세계대전 중에 독일 폭탄이 그의 연구실 지붕을 뚫고 떨어져 장비를 파괴하기 전까지 크릭은 유니버시티칼리지 런던에서 공부하던 촉망받는 물리학도였다.

전쟁이 지속된 몇 년 동안 독일군 소해정을 피할 수 있는 지뢰를 설계해야 했던 크릭은 결국 31세라는 늦은 나이(적어도 과학계에서는)에 생물학 공부를 시작했다. 테런스와 마찬가지로 물리학에서 생물학으로 전공을 바꾸는 과정은 힘겹기 그지없었다. "마치 다시 태어나야 할 것처럼 힘들었어요."

그는 물리학을 공부하며 얻은 것 중에서 '자만심'을 귀중한 자산으로 꼽았다. 그가 전공을 옮기던 당시 자존심이 강한 일명 우주의 창조주, 물리학계 동료들은 이미 놀라운 혁신을 이룬 상태였다. 즉, 함께 공부하던 동료들이 물리학에서 뛰어난 성과를 보였는데 자신이라고 그렇게 하지 못할 이유가 있겠는가? 아무리 진로를 바꿨다고 해도 말이다.

본인의 자신만만한 예측대로 크릭은 DNA 구조 발견에 있어서 아주 중요한 역할을 했고 노벨상까지 받았다. 그러나 그는 대담한 진로 전환 한 번으로 만족하지 않았다. 대부분의 사람이 여유를 찾고 느긋해지는 나이인 60세를 앞두고 크릭은 과학계에서 가장 어려운 문제 중 하나인 인간 의식의 원천과 작동 양상에 관심을 갖게 됐다. 당시 많은 과학자와 달리 그는 신경해부학이 문제의 열쇠임을 직감

했다. 의식을 이해하기 위해서는 신경과학을 파고들어야만 했다.

그러나 크릭이 가진 단 한 가지 문제가 있었다. 바로 그가 지금까지 '너무 뛰어났다'는 점이다. DNA라는 중대한 발견과 그 연구로 노벨상을 수상한 크릭은 분자 생물학 실험실이라는 왕좌에 황금 수갑을 차고앉아 케임브리지대학교 세계 정상급 연구실이라는 완벽한 교도소에 갇힌 상태였다.

연구를 위해 크릭은 장소를 옮기기로 마음먹었다. 그는 영국에서 미국 샌디에이고 소크연구소로 장소를 옮겼다. 이제 햇살이 눈부시게 비치는 새로운 환경에서 매일 소통해야 할 사람들은 분자 생물학자가 아닌 신경과학자인 것이다. 테런스는 크릭을 두고 이렇게 말했다. "그와 며칠간 계속 이어지는 대화를 나누곤 했어요. 크릭은 여러 사람을 불러 토론하는 것을 좋아했고, 심지어 자기한테 지식을 가르쳐달라고 청하기까지 했죠."

크릭은 끝내 의식이라는 문제(절대 만만치 않은 문제)를 완전히 해결하지는 못했지만 의식 연구를 엄연한 학문 분야로 확립하는 데 중요한 역할을 했다. 그는 88세의 나이로 생을 마감하기 며칠 전까지도 신경생물학 논문 편집에 전력을 쏟아부었다.

젊은 시절의 테런스와 노년의 크릭이 그랬듯, 누구나 언제든지 새로운 지식을 배우고 변화할 수 있다. 다만 때때로 주변 환경이나 사람들이 당신이 지금 있는 곳에 계속 머무르도록 변화를 방해하기도 한다. 이런 문제에 대항하는 몇 가지 방법을 소개한다.

- **일단 떠날 것.** 만약 사태가 심각하다면 '무조건 과감하게 떨치고' 그곳을 떠나라.

- **이중생활을 유지하라.** 한동안 기존 생활 방식을 계속 유지하면서 새로운 관심사를 개발하는 이중생활을 하라. 그레이엄과 테런스는 이 방법으로 마인드 시프트에 성공했다. 철저하게 이중생활을 했기 때문에 두 사람 모두 주변 사람들이 진로 전환을 반대할 사태를 피할 수 있었다.

- **자랑스럽게 고집불통을 자처하라.** 실패할 것이라고 말하는 사람이 많을수록 내면의 결의는 한층 더 강해진다. 하지만 진척 정도를 평가할 수 있도록 달성 가능하고 현실적인 중간 목표와 점검 항목을 만들어둬야 한다. 예를 들어 최선을 다했지만 계속해서 의과대학 입학시험에서 아주 낮은 점수를 받는다면 의사가 되겠다는 꿈을 다시 검토해봐야 할 것이다.

- **때론 운도 좋아야 한다.** 운이 좋다면 주변 사람들이 변화를 시도하는 당신을 이해해줄 것이다. 그런 행운이 온다면 최대한 기회를 활용하라.

: 세상에서 가장 못난 변명, '나이 때문에' :

많은 이들이 매일 후회하며 살아간다. 20대는 "조금 더 어릴 때 시작했다면 일류 기타리스트가 될 수 있었을 텐데"라고 생각하고, 60세가 되면 과거를 되돌아보며 30대 시절에 여러 가지 가능성이 열려 있었다고 애석해한다. 정작 30대였을 때는 지금과 똑같이 지난날을 후회하고 한계를 느꼈다는 사실은 까맣게 잊은 채.

심지어 무궁무진한 기회를 가진 대학교 1학년도 고등학교 때 프랑스어나 물리학, 철학 공부를 한 다른 친구들을 보면서 부러워하기만 한다. 그러므로 나이에 상관없이 새로운 것을 배우기에 자신이 너무 늙었다고 한탄하는 경우가 많다. 원래 가지 않은 길이 더 매혹적으로 보이고, 지금까지 걸어온 길에 있는 장점은 보지 못한다.

하지만 이런 생각에서 벗어나 진로와 인생을 바꾼 사람들은 새로운 것을 습득함으로써 뇌를 다시 훈련하여 커다란 이득을 얻는다. 이때 이득은 개인 한 사람에게만 국한되지 않는다. 주변 사람들과 사회 전체도 큰 혜택을 입는다. 일리노이주에 있는 록퍼드대학교 철학과 교수 스티븐 힉스Stephen Hicks는 다음과 같이 말했다.

"철학 연구를 직업으로 삼을지 진지하게 고민하던 대학원생 시절, 물리학자 수브라마니안 찬드라세카르Subrahmanyan Chandrasekhar에 관한 글을 읽고 큰 감명을 받았습니다. 그는 몇 년에 걸쳐 물리학 한 영역에 관한 글을 집중적으로 읽고 생각한 다음 이를 통합하는 논문 몇 편과 중대한 책 한 권을 썼습니다. 그다음에는 물리학의 다른 영역으로 분야를 옮겨서 다시 같은 작업을 되풀이했다고 합니다. 그는 한 곳에 안주하지 않고 매일 새로운 길을 걸었고 그 덕에 다양한 분야에서 독창적인 업적을 달성할 수 있었죠.

철학 역시 물리학과 마찬가지로 아주 광범위한 학문입니다. 저 역시 찬드라세카르의 전략을 따라 해보기로 결심했습니다. 먼저 대학원을 마친 이후로 '6년' 단위로 일했습니다. 4년 동안 어떤 한 분야의 자료를 읽고 생각하며 짧은 논문을 쓴 다음 2년 동안 책 한 권을 완성했죠. 그다음에는 이전과 완전히 다른 분야로 넘어갔습니다. 참고로 6년 단위 패턴은 제가 미리 기계적으로 정한 것이 아닙니다. 나중의 결과를 보니 그렇게 한 것을 알 수 있었습니다. 지금까지 서로 다른 분야를 연구했지만 그렇다고는 해도 각 학문 간에 나름의 연관 관계가 있었습니다."

: 배우고 변화하기에 늦은 나이는 없다 :

테런스는 기억, 사고, 감정과 같이 인간에게서 나타나는 복잡한 현상을 이해할 수 있도록 뒷받침하는 유용한 컴퓨터 모델링 기법을 개발했다. 이는 그가 신경과학의 연구 측면을 놀랍도록 폭넓게 이해하고 있다는 뜻이기도 하다.

"인생 후반부에 접어들면 새로운 지식을 배우는 데 시간이 오래 걸리고 힘들 수 있습니다. 그래도 할 수 있습니다. 누구나 뇌를 바꿀 수 있습니다. 특히 흥미로운 사실은 노화에 따른 인지 저하를 예방할 수 있는 돌파구가 보이기 시작했다는 점이죠."

마치 오래된 댐에서 물이 새듯이, 나이가 들면 뇌의 시냅스는 물론이고 뉴런도 감소한다. 그러나 그냥 방치하지 않는다면 전적으로 잃기만 하는 사태는 막을 수 있다. 몸을 움직여서 운동하고 새로운 것을 배우면 뉴런과 시냅스도 새롭게 다시 생성된다. 이런 활동은 신경이라는 댐에 물을 다시 채우는 인지력의 비와 같은 역할을 수행한다. 이로써 이른바 '시냅스 보유고Synaptic Reserve'를 형성하는 것이다. 시냅스 보유고는 나이 들면서 감소하는 뉴런과 시냅스 연결 균형을 뒷받침하는 데 특히 중요한 역할을 한다.

나는 테런스에게 노년층의 뇌 기능을 향상할 수 있는 방법을 알아낸 연구자 중에서 특히 뛰어나다고 생각하는 학자가 누구인지 물었다. 그는 아무 망설임 없이 "다프네 바벨리에Daphne Bavelier"라고 답했다.

스위스 제네바대학교 인지신경과학자인 바벨리에는 비디오 게임을 주제로 연구했는데, 그중에서도 적을 총으로 쏘는 액션 비디오 게임에 큰 비중을 뒀다. 그녀의 연구는 비디오 게임이 해롭다고 생각하는 고정관념을 뒤집는 한편, 노년기에 들어서도 뇌를 최고 상태로 유지하기 위한 해결법을 제공한다.

비디오 게임 화면을 오랫동안 쳐다보면 시력이 나빠진다는 게 일반적인 통념이다. 그러나 바벨리에가 많은 게이머의 시력을 측정한 결과, 놀랍게도 평균보다 더 좋게 나타났다. 시력은 사소한 듯하면서도 중요한 두 가지 측면에서 더 나았다. 액션 게이머들은 어수선한 곳에서 미세한 것들을 구분하는 능력이 뛰어났으며 회색의 진한 정도를 잘 분간했다.

대수롭지 않아 보이는 차이지만 이를 현실 세계에 적용해보자. 게이머는 안개가 낀 흐린 날에도 운전을 편안하게 할 수 있으며, 나이가 들어도 돋보기를 쓰지 않고 약병에 적힌 작디작은 글씨를 잘 읽을 수 있다는 의미가 된다. 다시 말해 비디오 게임은 나이가 들면서 특히 어려움을 겪는 영역에 대처하는 능력을 높여주는 것이다. 바벨리에 연구팀의 발견은 여기에서 그치지 않았다.

많은 사람이 게임을 하면 주의가 산만해지고 집중력에 문제가 생긴다고 믿는다. 그러나 액션 비디오 게임에 관한 한, 반대 현상이 나타났다. 액션 게이머를 대상으로 살펴본 결과, 그들의 뇌에서 '집중'을 담당하는 주요 영역이 굉장히 높은 효율성을 드러냈다. 또한 그들은 크게 노력하지 않고도 주의를 빠르게 전환할 줄 알았다. 요컨대 집중력이 더 높다는 뜻이다. 게이머들은 전방 도로를 보다가도 길옆에서 갑자기 튀어나온 개에게 주의를 바로 돌릴 수 있었다.

이처럼 액션 비디오 게임은 나이 들면서 저하하기 시작하는 여러 기능을 개선시키는 효과를 갖고 있다. 바벨리에는 "액션 비디오 게임과 같이 복잡한 훈련 환경은 실제로 뇌 가소성과 학습력을 높일 수 있습니다"라고 지적했다. 시력과 집중력, 나아가 학습력까지 높일 뿐만 아니라 그 효과가 지속되는 기간도 굉장히 길다고 했다. 조사에 따르면 무려 몇 달 후까지도 이어진다고 했다(참고로 예술과 공학 분야에 중요한 기술인 공간 회전 능력을 높이고 싶다면 테트리스 게임이 안성맞춤이다).

그래서 신경 발달에 관한 한, 다소 잔혹하지만 열중하게 되는 게임 메달 오브 아너Medal of Honor가 심즈The Sims보다 낫다. 아마도 심즈를 할 때는 주의력을 조절할 필요가 거의 없기 때문인 듯하다. 반면 메달 오브 아너는 적을 확인하기 위해 주변을 둘러보고 조준해야 하는 곳에 집중하는 등 화면 곳곳으로 주의를 돌려야 한다. 또한 배경 음악과 예기치 못한 수많은 변화, 불쑥 나타나는 여러 동작이 게이머가 의식적으로 알아차리지 못하는 사이에 계속 주의를 끌어서 본능적으로 게임에 몰두하게 만든다. 이런 주의를 끄는 요소들이 뇌 가소성을 활성화하는 데 핵심적인 역할을 수행한다.

그렇다면 노년기의 인지 저하를 개선할 목적으로 개발된 훌륭한 비디오 게임이 아직 없는 이유는 무엇일까? 바벨리에는 그런 비디오 게임 개발이 맛있는 초콜릿(비디오 게임)과 몸에 좋은 브로콜리(인지력 향상)를 결합하는 과정과 같다고 말했다. 초콜릿과 브로콜리를 섞어서 사람들이 먹고 싶어하는 먹음직스러운 음식으로 만들기란 요리 명인에게도 쉬운 일이 아니다. 그래도 많은 뇌과학자가 예술가나 엔터테인먼트 업계와 협력해서 게임 개발에 애쓰는 중이다.

물론 일부 연구자들은 지나친 게임 중독은 건전하지 않다고 입을 모아 말한다. 당연한 말이다. 인지력을 높이기 위해 게임을 중독 수준으로 할 필요는 없다. 실제로 긍정적 효과를 본 사람들은 게임을 주로 몇 달에 걸쳐 꾸준히 하루 30분 정도만 즐겼다.

결국 성인이 되어서도 새롭게 배우고 변하고 싶다면(뇌 기능 역시 향상시키고 싶다면) 여러 가지 측면에서 노력을 기울여야 한다. 단순히 비디오 게임을 하거나 책을 읽고, 함께 공부하는 친구나 교사와 교류하는 정도로는 충분하지 않다. 앞에서 언급했듯이 신체 운동도 대단히 중요하다. 이때 리탈린Ritalin과 애더럴Adderall 같은 의약품이 학습 능력 증진에 효과를 나타내기도 한다. 그러나 이런 약품에는 원치 않는 부작용이 잔뜩 따른다. 거실 벽에 생긴 작디작은 얼룩 자국을 가리겠다고 납 성분이 가득한 페인트 한 통을 전부 들이붓는 일과 다름없다.

10여 년간에 걸친 다프네 바벨리에의 연구를 바탕으로 캘리포니아대학교 샌프란시스코 캠퍼스 연구자 애덤 개절리Adam Gazzaley(개절리 역시 테런스가 추천한 연구자다)도 비디오 게임 연구에 집중했다. 신경과학자이자 신경과 전문의인 개절리는 비디오 게임이 가장 강력한 매체 중 하나라고 강조했다. 이 게임은 상호작용이 가능하면서 재미까지 있다. 개절리는 좀 더 큰 효과를 발휘할 수 있도록 게임과 치료를 결합하는 방법을 시도하고 있으며 이미 성과를 내고 있다. 세계에서 가장 권위 있는 과학 연구 저널 중 하나인《네이처》는 '게임 체인저Game Changer'라는 제목으로 개절리의 연구를 표지에 담기도 했다.

그의 연구는 게임에 대한 기존 인식을 바꾸었다. 개절리가 개발한 게임 뉴로레이서Neuroracer는 길을 따라서 빠르게 달리는 경주용 차를 운전하며 임의로 나타나는 표지판에 반응하면 된다. 뉴로레이서를 한 달 동안 일주일에 네 차례, 한 번에 딱 한 시간씩 총 열두 시간 동안 체험한 고령의 피험자들이 강하고 지속적인 집중력 향상 수준을 나타냈다. 현재 뉴로레이서는 미국 식품의약국의 승인 절차를 밟고 있으며, 개절리는 뉴로레이서가 세계 최초 처방용 비디오 게임이 되기를 기대하고 있다.

사람이 주의를 집중하고, 작업 기억에 정보를 담고, 잡생각을 차단하는 능력은 '전두정중세타파Midline Frontal Theta'에서 비롯된다고 한다. 이는 주로 주의를 기울일 때 뇌의 전두엽에서 나오는 뇌파의 일종이다. 그러나 집중 시 중요한 부위는 전두엽뿐만이 아니다. 전두엽이 신호를 보내면 후두부와도 소통해야 한다. 나이가 들수록 뇌파의 강도와 뇌파 간의 연결이 약해진다. 노인들이 부엌에 와서 이곳에 온 이유가 무엇인지 고민하게 되는 이유나 운전할 때 반응이 느려지는 원인 중 하나도 전두정중세타파의 약화 현상 때문이다.

이때 뉴로레이서 게임을 잘 활용하면 즐겁게 집중력을 기를수 있다. 개절리의 연구 결과를 보면, 뉴로레이서로 두뇌를 훈련한 60세의 실험자가 20세 청년의 지능을 뛰어넘은 사례가 등장한다.

아래의 그림에 주목해보자. 왼쪽 그림은 집중하고 있을 때 뇌 전

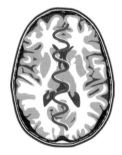

전두엽에 나타난
전두정중세타파

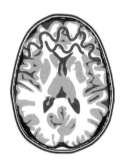

전두엽과 후두엽을
연결하는 세타파

두엽에 나타나는 '전두정중세타파'를 나타낸 곡선이고, 오른쪽 그림은 전두엽과 후두엽을 연결하는 세타파를 나타낸 곡선이다. 나이가 들면 이 두 가지 뇌파 활동도 떨어진다. 하지만 비디오 게임으로 다시 되돌릴 수도 있는 것이다.

여태껏 인지 기능을 개선할 수 있는 게임 시스템의 요소를 알아보았다. 게임 속 미술, 음악, 스토리 장치가 신경 가소성을 높인다. 다시 말해 좋은 게임은 인지 기능을 형성하고 빚어내는 일종의 신경 재편성 장비함 같은 역할을 하는 것이다. 또한 비디오 게임이 주의력 결핍 과잉행동장애, 우울증, 치매, 자폐증의 악영향을 퇴치할 수 있다는 여러 증거도 있다.

한편 신경과학자 마이크 머제니크Mike Merzenich와 폴라 탈랄Paula Tallal은 난독증을 알고 있는 사람들이 특정한 소리를 좀 더 쉽게 구별할 수 있도록 돕는 컴퓨터 기반의 훈련법을 개발했다. 이 방법으로 많은 이들이 읽기 능력을 현저하게 향상할 수 있었다. 혁신적인 연구 결과는 《사이언스》에 실렸고, 난독증을 앓고 있는 자녀를 둔 많은 부모들의 전화가 쇄도했다.

최근 머제니크는 신경과학계의 노벨상에 해당하는 카블리상을 수상했다. 또한 그는 미국 국립과학원과 미국 국립의학원 회원이며, 많은 사람의 존경을 받는 거물 과학자다. 난독증 치료용 두뇌 훈련법으로 거둔 성공을 기반으로 머제니크는 인지 능력 향상에 집중하는 회사를 설립했다. 이곳의 주력 상품 '브레인에이치큐BrainHQ'는 사용자의 집중력을 강화하며 작업 기억을 개선하는 연습을 통해 인지 기능이 정점에 이르게 하고 이를 꾸준히 유지할 수 있도록 설계된 것이다. 여러 믿을 만한 연구에서 브레인에이치큐가 사람의 얼굴을 기억하거나 속사포처럼 빠른 대화를 이어가는 상황에 효과를 보인다는 결과가 나왔다.

물론 요즘은 온라인에만 접속해도 수백 가지에 이르는 두뇌 훈련 프로그램을 발견할 수 있지만 대부분이 효과가 증명되지 않은 것이다. 그러나 바벨리에, 개절리, 머제니크 같은 일류 과학자들은 정말로 효과를 나타내는 두뇌 개선법과 치료법을 제시했다.

： 인지 보유고 채우기 ：

매일 해마에서 새 뉴런이 약 1400개씩 생겨난다. 나이가 들어도 생성되는 뉴런의 수는 크게 감소하지 않는다. 그러나 뇌가 새로운 경험을 하지 못하면 뉴런은 커다란 신경 네트워크를 이룰 기회를 얻기 전에 사멸한다. 마치 타고 올라갈 울타리가 없어서 시들어 말라 죽는 덩굴식물과도 같다.

성인의 경우 새로 생성된 '낱알 뉴런'은 유사한 경험들을 구별해 각각 별개의 기억으로 저장한다. 새 뉴런은 비슷한 기억을 서로 연합하는 패턴으로 보존하는 오래된 뉴런과 다르다. 새 뉴런은 오래된 괴로운 기억이 다시 떠오르는 상황을 피하게 해주는 능력을 갖고 있다. 즉 새 뉴런의 생성과 성장은 신규 학습뿐만 아니라 정신 건강에도 중요하다는 뜻이다.

앞에서 언급했듯이 운동은 우리가 알고 있는 방법 중에서 뉴런 생성에 가장 효과적인 수단 중 하나다. 마치 운동이 뿌린 씨가 뉴런으로 싹트는 것과 같다. 그리고 학습은 뉴런이 잘 자라도록 돕는 물과 비료의 역할을 한다.

누구나 어릴수록 처음 경험하는 일이 많다. 나이가 들면 똑같은 쳇바퀴만 돌리는 듯한 일상에 빠져들게 된다. 새로운 것을 배우고 있다고 생각해도 이미 알고 있는 지식을 조금 변주한 정도다. 그렇다면 뇌에 긍정적 영향을 미치기 위한 학습은 어느 정도의 수준이어야 할까?

듀크대학교 신경과학자 래리 카츠Larry Katz는 새 뉴런의 성장과 새로운 연결의 형성에 도움이 되는 방법은 바로 '매일 새롭고 다양한 일을 하는 것'이라고 말했다. 오른손잡이인 사람이 왼손으로 이를 닦는 단순한 일도 새로운 경험에 속하고, 식탁에서 평소와 다른 의자에 앉는 일도 마찬가지다. 여행을 하면 기운이 나는 이유도 여기에 있다. 여행 중에는 뇌가 계속 새로운 환경에 맞춰 나가는 단계를 밟기 때문인데, 특히 새로운 문화와 주변 환경에 몰입하고자 노력하면 더욱 효과가 크다. 또한 나이 들어서 외국어를 공부하는 것역시 대단히 가치 있는 일이다. 언어 학습으로 긍정적인 영향을 받는 뇌의 부위가 노화로 인해 부정적인 영향을 받는 뇌의 영역과 상당히 겹치기 때문이다.

아무리 똑똑한 두뇌를 타고난 사람일지라도 뇌를 제대로 사용하지 않으면 기능이 떨어지기 마련이다. 남아프리카공화국 흑인이 아파르트헤이트Apartheid(남아공의 극단적인 인종차별 정책) 지배로부터 해방돼야 한다고 당당히 연설하여 널리 존경받은 웅변가 로버트 소부쿼Robert Sobukwe는 외딴섬의 독방에 무려 6년 동안 갇혀 있었다. 그저 은밀한 수신호로만 다른 수감자들과 소통할 수 있었다. 그렇게 고통스러운 시간을 보내는 동안 소부쿼는 자신의 연설 능력이 차츰 떨어지는 것을 느꼈다. 이와 유사하게 멀리 떨어진 남극 기지에서 지내며 타인과 말할 기회를 갖지 못한 채 여러 번의 겨울을 지낸 사람들도 비슷한 경험을 한다. 그들 역시 문명으로 돌아왔을 때 간단한 대화를 하면서도 말을 더듬거리는 경향을 보인다.

또 학습과 더불어 다양한 취미 생활이 뇌의 재정비에 큰 도움을 준다. 특히 운동과 결합된 활동이 높은 효과를 보인다. 연구에 따르면 손뜨개나 바느질, 퀼트, 배관 작업, 목공, 게임, 컴퓨터 사용 등을 하면 나이가 들어도 비교적 높은 인지 능력을 나타낼 가능성이 높다고 한다. 예를 들어 퀼팅이나 목공을 하면서 재료의 길이를 재거나 자르는 작업을 하면 공간 유지 능력에 분명히 도움이 될 것이다. 참고로 최근에 발표된 12년에 걸친 오랜 연구를 살펴보면 일주일에 3시간 30분 이상 책을 읽는 사람의 사망률이 약 23퍼센트 정도 낮다는 사실을 확인할 수 있었다. 효과를 나타낸 요소는 책이었다. 잡지와 신문을 읽은 집단은 그만한 정도를 나타내지 않았다(이 책을 읽고 있는 당신은 오래 살 수 있을 것이다!).

실제로 중국 농촌 지역 주민 1만 6000명 이상을 대상으로 실시한 연구에서 알츠하이머병에 걸릴 확률이 교육 수준과 분명한 상관관계를 보인다는 결과가 나왔다. 물론 이 조사는 단순한 상관관계 연구였고, 지적 자극이 정말로 알츠하이머병에 걸릴 위험을 줄이는 '원인'이 맞는지 확실하지는 않다. 그러나 교육을 많이 받을수록 시냅스가 증가하고, 시냅스가 늘어날수록 인지 보유고가 확대되는 것은 확실하다.

결국 어느 경우든, 교육은 어릴 때 잠깐 받으면 그것으로 끝나는 것이 아니다. 높은 수준의 인지 보유고를 유지하고 싶다면 성인 혹은 노인이 되어서도 계속 배우고 또 배워야 한다.

: 지금 당장 마인드 시프트를 시작할 것 :

언뜻 보기에 인기 있는 분야에 몰리는 상황, 타인의 말에 흔들리는 팔랑귀 심리, 인식 부족 현상 등은 많은 이들이 진로와 직업을 선택할 때 흔하게 나타난다. 어떤 학문 분야는 전망이 불투명하고 학비는 하늘을 뚫을 듯 비싼데도 간혹 교수들이 학생들에게 자기 전공을 선택하라고 맹목적으로 부추기는 행태를 볼 수 있다. 학생들은 서로 쳐다보며 '교수님들이 저렇게 권하는 걸 보면 썩 나쁘지는 않을 거야'라고 생각한다.

테런스가 예상했듯이 지난 수십 년 동안 그가 몸담았던 물리학계에서는 중대한 진전이 거의 없었고, 터무니없이 어마어마한 장비

비용만이 남았다. 소립자 물리학을 선택하고 멈춰 있었던 옛 친구들은 결국 다른 분야에서 일자리를 찾기에 이르렀다.

그러나 테런스는 물리학 최고 명문인 프린스턴대학교에 다니면서도 한 걸음 물러서서 전망을 가늠하고 재평가한 다음 이유 있는 모험에 나섰다. 실제로 그런 모험을 선택하는 것도 어려운데 당시에는 진로 전환을 하는 사람이 거의 없는데도 불구하고 그는 그렇게 했다. 기꺼이 위험을 무릅쓰고 진로를 바꾼 테런스는 마침내 막대한 결실을 거뒀다. 현재 전 세계 연구자들이 테런스가 개발한 알고리즘과 도구를 이용한다. 어쩌면 테런스가 다시 진로를 탐색하지 않았다면 신경생물학 발전의 속도는 더 느렸을지도 모른다.

당신은 지금 어디로 향하고 있는가?

일을 매일같이 하다 보면 길을 잃을 때가 있다. 그럴 때면 가던 길을 멈추고 한 걸음 물러서서 자신과 주변 사람들의 미래가 장기적으로 어떻게 전개될지 상상해보도록 하라.

비용이나 새로운 발명과 같은 물리적 제약으로 인해 갑자기 어떤 산업 전체가 과거의 유물이 되고 새로운 산업이 생겨날 수도 있다. 그러므로 수많은 똑똑한 사람들이 특정한 진로를 선택하고 있다고 해서 당신도 그 일을 해야 한다고 생각하는 실수를 저지르지 말라. 지금 하는 일이 유망하다고 해서 나중에 그러리라는 보장은 없다.

노트에 '진로 도전 예측'이는 제목을 쓰고 종이 한가운데에 세로로 줄을 그어 두 칸으로 나눠라. 한쪽 칸에는 당신이 몸담은 영역에서 일어날 만한 변화의 가능성을 간단히 서술하고, 다른 칸에는 이런 변화에 성공적으로 대처할 수 있는 방법을 적어보라.

나도 예술을 할 수 있을까

◆

아르님 로덱Arnim Rodeck은 방에서 전자제품을 만지작거리며 놀던 어린 시절부터 훗날 자라서 전기 기술자가 될 것이라고 예상했다. 결국 그는 어릴 적 꿈을 이루었다. 하지만 나중에 사랑했던 일에 불만을 느끼게 될 것이라고는 전혀 예측하지 못했고, 자신의 진로가 바뀐다는 것도 전혀 생각하지 못했다.

아르님은 콜롬비아 보고타에서 태어나고 자랐다. 상냥하고 지원을 아끼지 않는 간호사였던 어머니는 아프리카 태생으로 독일인과 벨기에인 부모 밑에서 태어났다. 엄격하고 결과 지향적인 아버지는 오스트리아인으로 엘리베이터 회사를 경영했다. 두 사람은 콜롬비아에서 만나 사랑에 빠졌고 그곳에 정착했다. 덕분에 아르님은 스페인어와 독일어를 자유자재로 구사하게 됐다(콜롬비아는 한때 스페인의 식민지로, 스페인어를 공용어로 쓴다). 그는 논리적 사고는 독일어로 하고 감정 등을 표현할 때는 스페인어를 쓴다고 농담 삼아 말했다.

어릴 적 그가 다닌 학교는 독일 정부가 후원하는 곳이어서 독일어로 하는 수업과 스페인어로 하는 수업이 둘 다 있었고, 때론 영어로 하는 수업도 있었다. 그리고 아르님에게 처음으로 영어를 가르쳤던 교사는 독일인이었다. 그는 지금도 여전히 독일식 억양이 섞인 영어를 구사한다.

그는 고국에서 멀리 떨어진 곳까지 학습 여행을 떠난 끝에 천직을 찾았는데, 사실 학교생활은 마냥 즐겁지만은 않았다. 난독증이 있는데다 암기도 서툴러서 공부가 힘들 수밖에 없었다. 심지어 음악 수업도 고역이었다. 노래를 심하게 못 불러서 유치원에 다닐 때는 합창 시간에 선생님이 아르님에게만 레고를 갖고 놀라고 했을 정도였다. 게다가 리듬 감각도 엉망이었기 때문에 춤도 잘 추지 못했다. 그는 악보도 볼 줄 몰랐고 어떤 악기가 무슨 역할을 하는지도 이해하지 못했다.

하지만 '음향 신호 처리'는 음악을 듣는 것과 다른 경험으로 다가왔다. 그는 음향 신호 처리 작업에 관심을 가졌다. 다행히도 고등학교 교사가 아르님의 숨은 장점을 알아보고 턴테이블과 전자 기타를 만드는 과제를 하는 조건으로 음악 시험에 통과시켜줬다. 이렇게 해서 아르님은 자기만의 방식으로 음악을 공부하면서 우수한 성적을 거뒀다. 그는 나중에 신시사이저(주로 건반 모양의 전자 악기), 믹서, 레코더, 심지어 손대지 않고 연주하는 기묘한 전자 악기인 테레민까지 직접 설계하고 만들기에 이르렀다.

: 재능을 이기는 노력의 힘 :

아르님은 수많은 사람이 조금도 재능이 없다고 평가한 과목에서 자신의 재능을 발견한 뒤 한 가지 깨달음을 얻었다. 훌륭한 교사, 즉 올바른 멘토는 다른 사람들이 낙제생이라고 여기는 학생에게서도 재능을 이끌어낸다는 사실이었다.

나아가 더 중요한 교훈도 배웠다. 언뜻 보기에 불가능한 과제를 달성하는 최선의 방법은 때론 '옆길'로 새는 것이었다.

그는 난독증을 갖고 있었기 때문에 책을 많이 읽어야 하는 고등학교 영어 수업에서 무참한 실패를 맛봤다. 단어를 기억하지 못했고 아무리 공부해도 문법 감각이 부족했다. 결국 언어 대신 전자공학 학사 학위를 따기 위해 독일에 가기로 결심했다. 하지만 독일에 간 그는 인생의 숙적인 영어와 다시 마주치게 됐다. 몇몇 필수 기술 과목의 강의가 영어로 진행됐고 시험도 영어로 봐야 했다. 아르님은 포기하지 않고 용감하게 부딪쳤고, 개인 지도 교사와 때론 친절하게 잘못을 눈감아주는 교수들 덕분에 겨우 시험에 통과했다. 그래도 영어를 써야 하는 일에는 종사하지 말라는 충고를 들었다.

하지만 그는 약점을 강점으로 바꾸는 법을 잘 알고 있었다. 적도가 지나는 콜롬비아에서 온대 기후의 독일로 온 아르님은 다양한 사람들을 만나서 새로운 문화를 흡수하며 공부하는 것이 즐거웠다. 그는 언어 문제 따위는 아랑곳하지 않고 영국 대학원에 진학했다.

사실 아르님은 영어를 읽는 것이 서툴렀을 뿐 회화는 제법 잘하는 편에 속했다. 영어를 포기하지 않고 계속 공부했다. 마침내 석사 과정을 밟을 때쯤 영어 실력이 눈에 띄게 향상했다.

> "영국에 처음 갔을 때 영어 실력은 여전히 형편없었습니다. 하지만 저는 수줍음을 타는 성격이 아니라서 아무리 서툴러도 주저하지 않고 그냥 질문하고 대답했습니다. 외국인이라는 사실은 길이나 할 일, 특별한 장소 등 현지인이라면 하지 않을 만한

질문을 할 수 있는 좋은 핑계가 됐죠.

한번은 석사 과정을 밟기에 적절한 대학을 찾기 위해 맨체스터에서 리버풀로 가는 기차를 탄 적이 있습니다. 젊은 여성의 옆자리에 앉았고 말을 걸었죠. 다양한 대학의 석사 과정에 관한 질문을 하며, 앞으로 리버풀의 어디에서 머무르면 좋을지 추천해달라고 요청했습니다. 그녀는 저를 자신의 부모님 집으로 초대했고 이후 좋은 친구이자 후원자가 돼주었습니다.

많은 사람이 말투에서 묻어나는 낯선 억양에 호기심을 나타냅니다. 그러면 자신에 대해서 이야기할 계기가 생기고 그렇게 벽이 허물어집니다. 여러 언어를 구사할 때의 가장 큰 장점은 세상에 다양한 문화가 있다는 사실을 자연스레 받아들이게 된다는 점입니다. 세상에는 여러 시각과 행동 방식이 있습니다. 외국어를 배우면 몸도 마음도 좀 더 활짝 열게 되죠.

웃기는 말이지만 저는 영어 실력이 형편없었기 때문에 의사소통을 더 잘할 수 있었습니다. 사람들이 내가 하는 말을 이해하려고 한층 더 노력해줬기 때문입니다. 그들은 언어가 장벽이 되지 않도록 제게 관심을 갖고 도와줬습니다.

저는 어학 공부를 딱딱한 수업이라는 구조에서 그냥 사람들과 말하고 상호작용하는 방식으로 바꿔 생각했습니다. 지금도 저는 책과 뉴스에서 처음 본 단어들을 꾸준히 외우고 공부합니다. 학습 진행 상황을 알려주는 모바일 앱으로 매일 아침마다 단어를 연습합니다. 아이러니하게도 새로운 단어를 외우는 것은 제가 학교 다닐 때 가장 싫어했던 일입니다. 하지만 지금은 군말 없이 하고 있으며 즐기기도 합니다. 조금 느리긴 해도 말이죠."

그가 겪은 상황을 좀 더 살펴보자. 예를 들어 당신이 상대방과 대화 중인데, 상대는 외국 출신이라 말투에 낯선 억양이 묻어난다. 이같이 외국 억양처럼 주의를 흩뜨리는 요소가 있는 상황에서 이야기를 하면 오히려 뇌의 활동이 더 활발해진다. 입력된 정보에 약간의 어려움이 있을 때 사고가 더 활성화되기 때문이다. 그런 점에서 본인의 억양 때문에 사람들이 좀 더 세심하게 주의를 기울여주는 것 같다는 아르님의 통찰은 정확하다.

억양과 마찬가지로 소음이 얼마간 있을 때도 들은 내용을 처리하는 데 어려움이 발생한다. 약간의 소음은 평소 조용하던 때와 다른 상황으로 인식되어 좀 더 폭넓고 창조적으로 생각하기에 딱 적절한 정도로 주의를 흩뜨린다. 웅성거리는 소리가 들리는 카페에서 공부하는 사람들은 어쩌면 무의식적으로 공부에 도움이 되는 분위기를 찾은 것인지도 모른다.

: 창조력은 언제 발생할까 :

집중력 향상에 도움이 되는 상황을 짚고 가보자. 심장을 공부하거나, 새로운 잔디 관개 체계를 배치하거나, 제2차 세계대전이 발생한 다면적인 원인을 분석할 때처럼 복잡한 체계를 이해하기 위해서는 시간이 제법 걸린다. 이토록 복잡한 과제를 해결하려면 당면한 쟁점을 초집중해서 보다가 가끔은 한 발자국 물러나서 큰 그림을 보는 등 접근 방법을 번갈아가면서 취해야 할 필요가 있다. 공부를 하는 중 쉬는 시간을 가지는 것처럼 때때로 주의를 환기해야 하는 이유도 바로 여기에 있다.

사람은 서로 전혀 다른 두 가지 방법으로 세상을 인식한다. 즉 우리의 사고에는 두 가지 신경 접근 방법이 존재한다는 뜻인데, '집중Focused 모드'는 주의 집중을 활용하는 상태이고 '확산Diffuse 모드'는 신경이 휴식하는 상태를 의미한다. 전자란 우리가 수학 문제에 골똘히 집중하고 있을 때 발생하는 사고이며, 반대로 아무 생각 없이 샤워를 할 때면 후자인 확산 모드가 된다.

이 개념을 좀 더 자세히 살펴보자. 집중 모드는 주로 전전두엽 피질, 즉 뇌의 앞부분에서 일어나고, 확산 모드는 뇌의 광범위한 영역을 연결하는 네트워크와 관련이 있다. 확산 모드는 광범위한 영역에 걸쳐 나타나다 보니 이때 전혀 예측하지 못한 연결이 일어나며 흔히 말하는 '창조성'이 발생한다. 그래서 걷거나, 버스를 타거나, 휴식을 하거나, 산책을 하거나, 잠들 때처럼 확산 모드 중의 활동을 할 때 느닷없이 창조적인 발상이 떠오르는 것이다.

: 약간의 소음은 도움이 된다 :

지나치게 조용한 환경에 있으면 뇌의 집중 모드가 켜지는 동시에 확산 모드가 비활성화된다. 그러므로 소득세 신고서를 작성할 때나 어려운 시험 문제를 풀 때처럼 집중이 필요한 일을 할 때는 조용한 환경이 이상적이다.

그러나 심장 기능 공부나 컴퓨터 네트워크 연결 문제를 해결할 때처럼 좀 더 큰 그림을 봐야 하는 순간도 있다. 이 경우에는 대화한 토막이나 접시가 달그락거리는 등의 산발적인 작은 소음이 도움을 준다. 약간의 소음이 비교적 광범위한 영역에 걸쳐 작동되는 확산 네트워크를 일시적으로 불러일으키기 때문이다. 다시 말해 카페처럼 부드러운 소음이 들리는 환경에서는 집중력을 유지할 수 있는 동시에 복잡하고 어려운 내용을 좀 더 쉽게 이해할 있다.

단 소음이 지나치면 아예 집중할 수 없는 지경에 이르기도 한다. 특히 나이가 들면 소음에 더 예민해진다. 음식점에서 나이 든 고객이 음악 연주 소리에 지지 않고 떠드는 옆자리 손님을 문제 삼는 경우가 많은 이유도 여기에 있다.

이제 이런 의문이 들 것이다. 음악은 어떨까? 공부할 때 음악은 도움이 될까, 아니면 방해가 될까? 그 여부는 상황에 따라 다르다. 빠르고 시끄러운 음악은 확실히 집중을 방해한다. 음악 처리와 언어 처리에 사용되는 뇌 영역 중에 겹치는 부분이 있기 때문이다. 가사가 있는 음악은 그렇지 않은 음악보다 집중을 더 많이 방해한다.

한편 취향에 맞는 음악을 들으면 공부에 도움이 되고 좋아하지 않는 음악을 들으면 주의가 산만해진다는 연구 결과도 있다.

결국 공부를 할 때는 어느 정도 주관적으로 생각해서 자신에게 맞는 소리를 찾아야 한다.

: 안 되면 되게 하라 :

콜롬비아에서 성장한 아르님은 부유한 나라의 국민과는 조금 다른 사고방식을 배웠다. 콜롬비아는 빠르게 발전하는 개발도상국으로 자신감과 의욕이 넘치는 다양한 민족이 사는 나라다. 숙제를 내야 하는 경우 교사는 반드시 기한에 맞춰 제출할 것을 요구하고 어떠한 변명도 용납하지 않는다. 혹은 교통 정체가 심해서 시내까지 오는 데 세 시간이 걸린다고 해도 절대 지각을 해서는 안 된다. 그런 환경에서 자란 아르님은 어떠한 장애물을 만나도 해결하는 방법을 찾을 줄 알았다.

독일에서 아르님은 '우리는 그런 일을 한 적이 없어요'라는 뜻의 "조 에트바스 하벤 비어 노흐 니 게마흐트So etwas haben wir noch nie gemacht"라는 말을 자주 들었다. 그러나 그 말을 들을 때마다 아르님의 마음 한구석에서 콜롬비아인 기질이 일어났다. '나라면 어떻게 해낼 수 있을까?'라는 의문을 품기 시작했다. 이 사고방식 덕분에 아르님은 콜롬비아에서 수료한 과목들을 독일에서 또다시 배워야 하는 사태를 면할 수 있었다. 아르님이 이전에 들었던 수업을 정식으로 인정받으려면 어떻게 해야 하는지 학장에게 묻자, 그는 처음에 "그건 불가능하네" 하며 답했다가 "담당 교수 모두에게 허락을 받아오면 예외로 인정해주지"라고 덧붙였다.

그는 주변 사람들에게 물어서 비교적 '수월한' 교수들을 찾아갔다. 먼저 교수들에게 서명을 받아서 긍정적인 분위기를 형성한 다음에 깐깐한 성격의 교수들을 찾았다. 고집이 센 교수도 그를 거절하지 못했다. 결국 학장은 아르님을 축하해주면서 콜롬비아에서 이수한 수업의 학점을 인정해줬다.

몇 년 뒤, 석사 과정 졸업을 앞두고 아르님은 큰 고민에 빠졌다. 예전부터 캐나다에 가고 싶었지만 그곳의 일자리를 찾지 못한 것이다. 졸업이 다가오자 수많은 독일 기업에도 지원을 했지만 별다른 성과가 없었다. 앞이 캄캄했다. 그는 통신 공학 취업 설명회에 갈 때마다 엄청나게 늘어선 줄을 마주 해야만 했다. 이를 견디지 못한 아르님은 인사 담당자에게 인기 없고 덜 붐비는 취업 설명회는 없는지 물었다.

결국 아르님은 자신에게 적절한 곳은 아니지만 훨씬 조용한 경제 전문 취업 설명회에 갔다. 그곳에서 그는 통신 공학 취업 설명회에서 봤던 기업과 국가에서 나온 여러 담당자와 이야기할 수 있었다. 대부분은 다른 분야를 전공한 학생들을 찾고 있다며 아르님을 푸대접했다. 그러나 컴퓨터 및 기술 장비업체인 HP Hewlett-Packard Company의 담당자는 그의 용기를 높이 사면서 "우리는 남들과 다르게 생각하는 사람들을 찾고 있습니다"라며 격려해주었다. 그렇게 새로운 길이 시작됐다.

처음에 아르님은 독일에 있는 HP의 지원 엔지니어로 채용됐다. 연수 과정에서 그는 영국 HP 연구소를 방문했고, 그곳에서 개발되는 신제품을 보았다. 마침내 아르님은 멘토들에게 진짜 교육을 받는 듯한 기분을 느꼈다.

그는 진로 발전에 멘토가 대단히 중요하다는 사실을 깨달았다. 물론 회사가 사내 프로그램의 일환으로 붙여준 '프로 멘토'도 있었다. 그러나 아르님에게 큰 자극을 준 이들은 누군가가 지정해준 사람이 아닌 그가 스스로 찾은 멘토들이었다.

그의 첫 번째 멘토는 말수가 적었다. 대신 듣기 능력이 출중하고 솔선수범하는 타입으로 이따금 입을 열 때면 핵심을 찌르는 말만 했다. 두 번째 멘토는 돈이나 지위, 심지어 평판에도 신경 쓰지 않고 그저 원칙을 지키고 최선을 다해서 일에 집중하는 법을 알려주었다.

아르님은 멘토로 삼고 싶은 사람을 발견하면 그의 흥미를 끌려고 노력했다. 예를 들어 누군가의 마음을 사기 위해서는 이메일 한 통만 달랑 보내는 것으로 충분하지 않다. 그는 사람마다 통하는 접근법이 다르다는 사실을 잘 알고 있었다. 모든 사람의 마음을 사로잡을 수 있는 한 가지 비결도 없으며, 또한 자신을 잘 모르는 사람에게 단도직입적으로 멘토가 되어 달라고 부탁하면 대부분은 부담스러워 하기 마련이다. 이런 부분도 아르님은 항상 고민했다. 어떻게 하면 자신과 상대방 모두가 이익을 얻을 수 있을지, 그리고 멘토도 관계에서 많은 것을 얻을 수 있도록 항상 노력했다.

세계 정상급 연구소인 영국의 HP에서 아르님은 자신의 패기를 보여줄 기회도 얻었다. 그가 맡은 프로젝트에는 특이한 난관이 있었다. 이상하게도 몇몇 난관은 기술 문제가 아니라 연구소 문화에서 비롯됐다. 예로부터 불굴의 정신을 높이 사는 영국인의 기상 때문인지 평소 사람들은 문제가 생겨도 타인에게 도움을 구하지 않았다. 하지만 경험이 없는 신입인 데다가 외국인인 아르님은 선택권이 없었다. 무슨 일이 어떻게 진행되고 있는지 알려면 어쩔 수 없이 여러 사람에게 질문을 해야 했다. 그러자 임원들은 기꺼이 도움을 구하고 질문해서 문제를 해결하는 아르님을 눈여겨보기 시작했다.

당시 HP는 캐나다의 작은 신생 기업을 매입했고, 그쪽 경영진은 열린 마음으로 유연하게 자신들의 존재감을 구축해줄 인력을 찾고 있었다. 아르님이 조건에 딱 맞는 사람이었다. 그는 캐나다에서 발생하는 문제를 해결하는 데 몰두하게 됐고 그 시간이 점점 늘어났다. 1년이 지나자 독일에 계속 아파트를 빌려 사는 것이 무의미하게 느껴졌다. 마침내 캐나다로 가겠다는 꿈이 이뤄졌다.

이후 새로운 문화를 사랑하는 아르님의 성향이 회사에 큰 이점을 가져다주었다. 그는 실리콘밸리에 진출해서 고객들과 '함께 살게' 해달라고 상사를 설득했다. 중대한 고객이 한 번도 관심을 보인 적 없는 신제품을 제대로 팔아보기 위해서였다. HP는 이미 판매 및 지원 인력을 충분히 갖춘 기업이라는 점에서 그의 시도는 무척 이례적인 행보였다.

그로부터 무려 6개월도 채 지나지 않아 아르님은 고객들이 HP 제품과 타사 제품을 어떻게 사용하고 있는지 파악했다. 그는 보고서를 작성해서 공장에 보냈다. 내용은 고객이 정말로 원하는 사양에 대한 새로운 보고 방식이었고, 마침내 회사는 큰 성공을 거뒀다. 그렇게 해서 아르님은 첨단 기술의 온상인 미국 팰로앨토에 살게 됐다.

: 진로를 바꿀 타이밍 :

그에게 변화의 씨앗을 심어준 사람은 어쩌면 아버지 하인즈였는지도 모른다. 하인즈는 항상 지금 하는 일을 잘하게 되면 다른 일을 시작해야 한다고 강조했다. "다음에 찾아올 것을 기다리지 마." 이 말은 '지금 하는 일이 지겨워질 때까지 기다리지 마'라는 뜻이었다.

회사에서 인정받은 뒤에도 아르님은 여전히 일을 사랑했다. 사내에서 좋은 평가를 받았고 훌륭한 동료를 만났으며 스스로 늘 도전의식을 느끼며 열정적으로 일했다.

하지만 문제도 있었다. 대규모 조직에서 피할 수 없는 사내 정치와 관료주의가 지긋지긋해지기 시작했다. 정체를 뚫고 매일 오가야 하는 출퇴근 길, 갈라진 콘크리트 도로, 세계적인 수준이지만 때때로 놀라울 만큼 시야가 좁아 기술이나 비즈니스에만 관심이 쏠려 있는 주변 사람들도 지겨웠다.

거의 꿈에 가까웠던 일을 10년 넘게 한 끝에 아르님은 진로 전환을 고민했다. 무슨 일을 어떻게 하겠다는 구체적인 생각은 없었다. 그저 잘하는 일이 여러 가지이길 바랐고, 지금까지 한 것과 다른 일을 하고 싶었다. 물론 변화에는 위험이 따른다. 하지만 변화하지 '않는' 위험이 더 클 수도 있다.

변화를 꿈꾸는 마음의 이면에는 독립하고 싶다는 바람과 창작자가 되고 싶다는 기대감이 있었다. 더불어 나이가 들어도 계속 할 수 있는 일을 찾고 싶었다. 그의 가장 큰 자산 중 하나는 공학을 공부하고 경험하면서 연마한 분석적인 사고방식인데, 그는 어떤 직업을 선택하든 이 장점을 살릴 수 있을 것이라고 판단했다.

아르님은 천천히 여러 선택지를 그려봤다. 매일 종이를 가지고 다니면서 머릿속에 떠오르는 생각을 그때그때 적었다. 특히 갑자기 튀어나오는 엉뚱한 생각들은 무조건 메모했다. 주말이면 종이를 꺼내서 내용을 정리하고 분류했다. 6개월쯤 지났을 때 한 가지 생각이 명확하게 떠올랐다. '그래, 목공을 시작해보자.'

그때까지 아르님은 목공을 해본 적이 단 한 번도 없었다. 하지만 캐나다의 아름다운 목재에 이끌렸고, 현지 조각가들이 작품에 생명을 불어넣는 모습을 보며 큰 감동을 받았다. 나무 특유의 느낌이 좋았다. 왠지 목공 작품과 대화를 나눌 수 있을 것 같았고, 목공예를 잘 터득할 수 있을 것 같았다. 그러나 목공업은 감정이 배제된 채 일관성과 정확성, 효율성을 중시하는 이전의 기술 세계에서 접한 경험과 정반대의 것이었다. 아르님은 이렇게 말했다. "나무를 다루려면 느낌과 지각, 인내심이 필요합니다. 요컨대 예술이죠. 제 안에 있는 예술적 부분을 탐구하고 싶었어요."

새롭게 하고 싶은 일을 찾아낸 아르님은 10년 뒤 목공소에서 고객들과 함께 일하는 자신의 모습을 상상해보았다. 그다음 "어떻게 하면 목표를 달성할 수 있을까?"라고 자문했다.

이제 두 가지가 확실해졌다. 첫째, 미래의 자기 모습이 마음에 쏙 들었고 그렇게 되고 싶었다. 둘째, 지금 하는 일을 그만둬야 한다. 탄탄한 생활이 약속된 익숙한 세계에서 벗어나 낯선 세계로 뛰어들어야 한다. 물론 성공한다는 보장도 없다.

무언가를 계획할 때 미래상부터 마음속에 먼저 그리는 아르님식 방법의 장점은 모든 단계를 구체적으로 계획하지 않는다는 점이다. 그는 이전에 익힌 지식을 활용해서 새로운 진로를 구축하는 데만 집중했다.

아르님이 일을 그만뒀을 때 많은 동료는 그가 커다란 실수를 저지르고 있다고 생각했다. 하지만 동시에 부러워했다. 이후 아르님의 목공소를 찾아와서 일을 도와주는 옛 동료들도 있었다. 얼마 지나지 않아 그들 중 상당수가 기업 합병과 첨단 기술의 등장으로 인해 일자리를 잃었다.

하지만 진로 전환의 과정은 예상했던 것보다 훨씬 더 힘겨웠다. 아르님은 목공 전문 지식을 배운 적이 없었으므로 아주 많은 기술을 익히고 목재와 접착제, 마감재 등으로 직접 실험해야 했다. 어디서 최고의 자재를 구할 수 있는지, 최신 정보는 어떻게 얻는지도 알아야 했다.

그는 지금까지 회사를 직접 경영해본 적도 없었다. 무엇을 누구에게 어떻게 팔아야 하는지도 스스로 파악해야 했다. 비용과 장소, 유통 과정을 결정하고 상세한 자금 흐름을 전부 이해해야 했다. 과거 대기업에 다니는 동안 타인의 도움에 얼마나 기대고 살았는지 비로소 깨닫게 됐다.

아르님이 직면한 가장 큰 난제는 일의 중요도, 즉 '우선순위'를 정하는 일이었다. 모든 문제와 난관을 해결하기에는 시간이 부족했다. 광고, 판매, 발송, 검사, 건축, 요청 사항 회신, 디자인, 문제 해결, 신규 고객 유치까지 전부 혼자서 해낼 방법을 찾아야 했다. 건축 법규를 비롯한 여러 규정도 익혀야 했다. 한편으로는 일이 얼마나 힘들지 오히려 몰랐던 덕분에 아르님은 때때로 요동치는 바다를 계속 헤쳐나갈 수 있었다.

아르님은 자신이 어떻게 변화하고 성장해야 하는지, 그리고 새로운 기술을 어떻게 연마해야 하는지 늘 생각하며 마음속에 꿈을 그렸다. 그는 과거의 방식에 안주하지 않도록 계속 변화해야 하는 환경을 구축하고자 애썼다. 그로부터 10년이 지난 지금, 이전에 마음속에 그렸던 대로 이루어지지 않은 것도 많지만 그는 늘 새로운 일에 열정을 쏟아붓는다.

그는 한때 함께 일했던 사람들 중에서도 자신을 자극했던 대단히 지적인 사람들을 좋아했다. 아르님은 아예 뛰어난 사람들에 관해 기록하기 시작했다. 그들이 주로 어떤 질문을 하고 어떻게 일을 잘할 수 있었는지에 대해 관찰하고 작성했다.

현재 아르님은 다양한 목공 프로젝트를 진행하는 가운데 과거 HP에서 멘토들이 했던 말을 늘 머릿속에 떠올린다. 그중 가장 도움이 된 몇 가지를 소개한다.

- "고객이 되어서 고객처럼 그것을 사용하고, 고객이 그 제품으로 이루려고 하는 바를 당신도 똑같이 해봐."
- "공급업체, 고객 그리고 우리 회사까지 모두가 이익을 얻을 수 있도록 결정해."
- "자신의 재능에 집중하도록 해. 동시에 부족한 점을 파악하고 이를 보완할 방법을 강구해."
- "미래를 생각해. 아무리 사소해 보여도 한 발자국이 모여서 장차 큰 힘을 갖게 될 거야. 복리와 똑같은 거지."
- "고객과 문제가 생기는 경우는 없어. 그저 고객과 더 깊은 관계를 구축할 기회가 생긴 것뿐이야."
- "영업을 비롯해 어떤 분야든 강좌를 듣고 좀 배웠다고 해서 그 일을 안다고 생각해서는 안 돼. 10년 동안 계속하면 '그제야' 이해하기 시작한 거니까."
- "사람들에게서 최선을 이끌어내고 성장을 도울 방법을 찾아. 그 과정에서 너 역시 성장하게 될 테니까. 절대 그 반대가 아니야."

지금도 아르님은 옛 동료들과 만나는 상상을 하면서 그들이 했던 방법을 떠올린다. "새로운 발상을 할 때, 난관에 부딪칠 때면 늘 그들의 질문과 태도를 생각합니다. 물론 똑같이 적용할 수는 없지만 제가 기억하는 그들의 장점을 새로운 환경에 대입해보려고 노력하죠."

지혜로운 조언 작성하기

아르님은 동료들에게 얻은 유용한 조언들을 목록으로 작성했다. 같은 맥락에서 살펴보자. 당신이 좋아하거나 혹은 싫어하는 사람은 누구인가? 자기 일에 특히 뛰어난 사람은 누구인가? 그들은 어떤 질문과 주장을 하는가?
'지혜로운 조언'이라는 제목을 쓰고 당신이 좋아하는(그리고 '좋아하지 않지만' 능력이 뛰어난) 동료들이 한 말을 목록으로 적어보라. 선택한 조언은 당신의 갈망과 목표를 반영해야 한다. 향후 어떠한 계획을 세울 때 이 목록을 참고할 수 있을 것이다.

: 목공예를 배우다 :

아르님이 진로를 바꾸면서 절대 하고 싶지 않았던 일 중 하나가 정규 교육을 다시 받는 것이었다. 대신 자유롭게 생각하는 힘인 '창조력'을 키우고 싶었다.

그는 단기 목공 강좌에 등록하고 혼자 공부하면서 작업했다. 책을 읽고 목공 관련 박람회와 전시회를 다니며 많은 것을 보고 질문했다. 또한 예비 고객에게 아이디어를 제시하고 피드백을 받으며 본인의 능력을 객관적으로 판단할 수 있도록 여러 사람의 자택을 수리하는 프로젝트도 실행했다.

그러던 중 특별한 기회가 찾아왔다. 친구와 가족들을 만나기 위해 콜롬비아를 방문한 아르님은 보고타 근처에 있는 한 수도원에서 목공 수련회가 열린다는 이야기를 듣고 찾아갔다.

마침 수도사 지도자 중에 독일 출신인 목공의 대가가 있었다. 그는 마치 중세 목공 길드에서 갓 빠져나온 듯한 모습을 하고 많은 사람의 지지와 사랑을 받았다. 대가의 지시에 따라 열두 명의 목수가 한 팀을 이뤄서 주문을 받고 목제품을 만들었다. 아르님은 그에게 바닥 청소든 작업 뒷정리든 어떤 일이라도 할 테니 한동안 곁에서 견학할 수 있는 방법을 얻고 싶다고 간절히 말했다.

온화하고 상냥한 수도사는 아르님에게 긍정도 부정도 아닌 짧고 어중간한 대답을 했다. 결국 다른 일정으로 인해 캐나다로 돌아온 아르님은 다시 그에게 연락했다. 직접 쓴 손편지에 우표를 붙여 보냈지만 답장은 없었다.

그다음에 전화를 했다. 그제야 수도사는 아르님을 믿을 수 있다고 느꼈는지 혹은 끈기에 감명을 받았는지 그냥 짤막하게 "언제라도 환영입니다"라고만 대답했다. 짧은 말이었지만 그건 아르님이 기다리고 기다리던 마법의 말이었다. "얼마나 오래 머물러야 할까요?"라고 묻자 "그건 당신에게 달렸죠"라는 대답이 돌아왔다.

사실 아르님의 요청은 전례가 없는 일이었다. 이전까지 수도원에서 단기간 수련할 수 있도록 허락받은 사람은 아무도 없었다. 원래는 몇 년 동안 도제 교육을 받아야만 했다.

아르님은 수도원에 약 2주 동안 머물렀다. 수도사들과 함께 식사하고 생활하며 낮에는 목공 작업을 했다. 마치 꿈만 같았다. 그는 열린 마음을 갖고 뭐든지 배우려고 하는 동시에 겸손한 태도로 누구에게나 도움이 되고자 애썼다. 아르님은 수도원 도서관에서 공부하고 그 내용을 정리한 다음 수도사들에게 공유했다. 또한 여러 목공 작품을 만들고 기회가 있을 때마다 비평과 피드백을 요청했다.

그의 열정은 널리 퍼져나갔다. 수도사와 목수들이 제자가 보이는 존경심에 감명을 받았다. 뭐든 빠르게 습득하는 그의 능력도 높이 샀다.

아르님은 "아마도 스승님이 제게 알려준 방식이 가장 결정적이었어요. 관찰한 다음 무조건 직접 해보라고 하셨죠. 그다음 다시 관찰하고 다시 해보라고 하셨어요. 자신의 예측을 뛰어넘는 작품이 나올 때까지 계속 도전하라고 하셨습니다. 그렇게 계속 반복하는 습관이 몸에 배도록 하라고요"라고 말했다. 수도사는 아르님이 계속 발전하는 태도를 키우도록, 그가 현재에 안주하지 않도록 하기 위해서 노력한 것이다. 요즘도 목공소에서 일할 때마다 아르님은 머릿속으로 스승의 목소리를 떠올린다.

스승의 가르침에 따라 아르님은 주문을 받을 때도 항상 새로운 방향으로 나아가려고 노력한다. 프로젝트를 할 때도 다양한 접근법을 쓸 기회를 확보하고자 애쓴다.

아르님은 캐나다에서 목공 일을 하며 이름을 널리 알렸다. 2010 밴쿠버 동계올림픽에 쓰인 각종 소품과 고급 주택용 가구를 비롯해 커피 테이블, 벽 장식용 조각품, 선물 상자, 악보대, 벽난로 선반, 장식장, 간판 등을 만들었고 때론 기분이 내키면 도마처럼 간단한 제품을 주문받기도 했다. 그리고 고객들과 둘도없이 가까운 친구가 됐다.

: 실수를 인정할 때 얻을 수 있는 것 :

아르님이 예전에 몸담았던 회사는 통찰력 넘치는 대화와 아이디어가 오가고 동료에게 자극을 받을 수 있는 활기찬 환경이었다. 목공을 하게 된 그는 혼자 일하면서도 팀으로 일할 때 나오는 에너지를 얻기 위해 노력했다.

고민 끝에 아르님은 지금 본인에게가장 중요한 자원은 결국 신체 에너지와 정신 에너지라는 사실을 깨달았다. 그는 산책, 하이킹, 등산 등을 열심히 하며 몸을 움직였다. 자연 속을 걸을 때 재미있는 발상과 각종 문제 해결법이 절로 떠오른다는 사실을 알게 됐다. 몸을 움직이고 난 뒤에 따뜻한 물로 샤워를 하는 것도 좋았다.

요즘 아르님은 스스로 '부검'이라고 이름 붙인 과정을 실행하는 중이다. 프로젝트를 끝낼 때마다 자기 자신과 고객, 친구, 동료들에게 질문을 한 다음 그들이 알려준 개선해야 할 점을 조목조목 작성하는 것이다. 과거 HP에 다닐 때 받았던 실적 평가를 그리워하는 날이 오리라고는 예상하지 못했다. 당시에는 부정적인 피드백이 탐탁지 않았지만 실은 본인의 능력을 평가할 수 있는 유용한 기회였던 것임을 이제는 잘 안다.

많은 이가 인정할 만큼 정교한 목공 솜씨를 갖추게 됐지만, 그래도 아르님은 많은 실험과 연습을 통해 실력을 키우고자 노력한다. 그는 실수도 솔직히 인정해야 한다는 사실을 잘 알고 있다. "실수를 인정하고 긍정적인 자세로 접근하면 결국 답을 찾아낼 수 있습니다."

: 부정적인 경험을 긍정적인 결과로 :

수업 시간에 불쾌한 경험을 겪으면 그 과목에 흥미를 잃게 되는 사람들이 많다. 예컨대 선생이 올바르지 못해서 수학 성적이 나빴다고 핑계를 대는 것이다. 하지만 아르님은 달랐다. 그는 지독할 정도로 본인을 무시한 교사도 멘토로 보려고 노력했다.

과거 사춘기 무렵, 아르님은 딱 보기에도 심술궂은 분위기를 풍겨서 모두가 싫어하던 교사에게 수학을 배운 적이 있다. 한번은 교사가 아르님은 교실 앞으로 불러내 커다란 원을 그리라고 했다. 제대로 원을 그렸지만 교사는 "틀렸어! 훨씬 더 크게!"라고 소리 질렀다. 아르님은 시키는 대로 했다. 교사는 반 학생들을 보더니 "이게 아르님의 수학 시험 점수다"라고 말했다.

　아르님은 크게 낙심했지만 그대로 물러나지 않겠다고 결심했다. 그의 아버지는 예전부터 수학 공부를 같이 해보자고 말해왔는데, 반 친구들 앞에서 공개적으로 망신을 당한 아르님은 아버지의 제안을 받아들였다.

　한참 후 시간이 지나 그는 수포자가 아닌 수학 우등생으로 전자 공학 석사 학위를 취득했다. 그는 10대 시절 만난 수학 교사가 등을 떠밀어준 덕분에 수학 공부를 제대로 하게 됐다고 생각한다. 즉, 자신에게 해가 되는 말을 한 사람도 마음먹기에 따라서 인생의 도움닫기로 쓸 수 있다는 뜻이다.

： 실패에서 배우는 사람 ：

　아르님은 새로운 진로를 구축하고자 상당한 위험을 무릅썼다. 결국 그가 감수했던 불편은 매일 몇 시간씩 걸려서 출퇴근하고, 어느 날 갑자기 정리해고 당하거나, 시대에 뒤떨어지지 않을까 걱정하는 상황에 비하면 견딜 만했다. "위험을 무릅쓰고 실수를 저지르며 실패에서 기꺼이 배우려는 사람들이야말로 가장 흥미진진한 인생을 산다고 생각해요."

　한때 전기 기사였던 아르님은 자신의 뇌를 운영 체제에 비교했다. 운영 체제를 업그레이드하면 대개 더 우수한 기능을 갖게 되지만 한동안은 어쩔 수 없이 결함과 문제가 발생한다는 것이다. 실제로 새로운 진로로 나아갈 때 아르님은 생각과 태도, 가치관을 바꿔야 했고 실패도 겪었다. 그러나 여태껏 시도했던 그 무엇보다도 가장 강력한 변화를 맞이할 수 있었다.

꿈은 이루어진다

아르님은 늘 10년 뒤에 되고 싶은 모습을 마음속에 그렸다. 지금 당신은 어떤 꿈을 꾸는가? 어떤 모습을 마음에 그리겠는가? 꿈을 펼치려면 무엇을 해야 할까? 노트에 '꿈은 이루어진다'라는 제목을 쓰고 당신의 생각을 적어보라.

Mind

Chapter 2

관점의 변화

운동만큼 좋은 것은 없다

◆

버스 운전기사인 클로디아 메도스Claudia Meadows는 평생 우울증을 겪으며 살아왔다. 그녀의 인생에서 행복과 즐거움은 찾아볼 수가 없었다. 그러던 어느 날 교통사고가 일어났다. 그 사고로 인해 클로디아가 '소변'을 보지 못하게 되면서 모든 것이 바뀌었다.

60대에 접어든 우울증 환자 클로디아는 컨디션이 좋은 날이 몇 주 이상 지속된 때가 언제였는지 기억조차 하지 못했다.

모든 문제의 원인은 우울증이었다. 그녀는 평생 우울 장애를 겪었다. 그래도 남들 앞에서는 '정상적으로' 행동하는 자신이 자랑스러웠다. 가끔은 '일어나야 해, 이 소파에서 일어나야 해'라고 강박적으로 생각할 때도 있었다. 소파에서 일어나기 위해 "나는 내 다리를 움직일 수 있어"라고 소리 내어 말해야 할 때도 있었다. 시간이 갈수록 자신의 의지를 꺾는 마음속 목소리와 싸우기가 힘들어졌다.

그녀가 우울증을 겪게 된 특별한 계기는 따로 없었다. 우울증 징후는 어릴 때부터 있었지만 정식으로 진단을 받은 시기는 대학에 입학했던 열여덟 살 때였다. 놀랍지는 않았다. 우울증은 집안 내력이었다. 그런 상황에서 클로디아가 무엇을 할 수 있었겠는가?

그녀가 할 수 있는 일은 대개 시간제 근무 일자리였고, 시애틀 교통 기관인 메트로 킹 카운티에서 출퇴근 시간대의 버스 운전기사로 일했다. 동시에 사랑하는 가족들을 돌보고 식사를 준비하기도 했다. 때때로 주치의는 클로디아에게 새로운 약을 처방해주었지만 결과는 항상 똑같았다. 몇 개월, 길어야 1년이면 효과는 사라졌고 예전과 다름없이 공허한 상태로 돌아갔다.

클로디아는 종종 쳇바퀴 같은 삶에서 벗어나고 싶은 충동을 느꼈지만 이내 자신은 쳇바퀴 '안'에도 들어가지 못한 낙오자라는 사실을 깨달았다. 인생 곳곳에 스며든 결코 사라지지 않는 고통을 매번 느껴야 했지만 그래도 자살할 수는 없다고 생각했다. 가족에게 상처를 주고 싶지 않았기 때문이다. 치료사까지 그녀가 자살한다면 가족들은 엄청난 충격을 받을 것이라고 강조했다. 게다가 가톨릭 문화에서 아이러니한 죄책감을 느끼며 성장한 클로디아는 자신이 죽으면 다른 사람이 뒤처리를 해야 하는 난장판만 벌어진다는 사실도 잘 알고 있었다.

: 소변이 모든 것을 바꿔놓다 :

평소 클로디아는 일할 때 길이가 12미터인 버스나 중심부가 구부러지는 18미터짜리 굴절 버스(버스 두 칸을 굴절 마디로 연결해 휘어지면서 달릴 수 있도록 만든 버스)를 운전했다. 급여도 적당했고 우울할 때도 할 수 있어 그녀에게 잘 맞는 일이었다. 더구나 그 일자리는 1993년에 제정된 가족 및 의료 휴가법의 보호를 받아서 주 운전자 외의 대체 운전자 또한 안전을 보장받았다.

그녀는 주로 아침이나 저녁 출퇴근 시간대에 운전하곤 했다. 골

칫거리가 많고 진상 승객이 많다고 알려진 노선은 피했다. 아침저녁으로 출퇴근하는 승객들은 낮이나 밤늦게 버스를 타는 승객들과 달리 조용히 책을 읽거나 꾸벅꾸벅 조는 등 감정의 동요를 일으키지 않는 유형의 사람들이었다.

그래도 삶은 늘 아슬아슬했다. 대도시에서 버스를 운전하기란 무척 힘든 일이다. 자전거를 타는 사람과 보행자는 물론이고 운전자 대부분도 버스가 일반 차량보다 정차하는 데 훨씬 더 많은 시간이 필요하다는 사실을 까맣게 잊은 채 무분별하게 위험한 도로로 뛰어든다. 어느 대도시에서나 매년 버스 관련 사고로 사망자가 발생하고, 혹여 중대 사고라도 발생하면 거의 예외 없이 기사가 책임을 지고 그만둬야 했다.

사고가 발생한 날 아침, 그녀는 알람을 끄고 유니폼을 입은 뒤 전날 마시고 남은 커피로 아침 식사를 재빨리 끝내고 햇살 속으로 나갔다. 회사에 출근 도장을 찍고 업무 승인을 받은 그녀는 할당받은 버스에 올라 안전 점검을 했다. 기사들은 같은 노선을 운행해도 매일 다른 버스를 운전하게 된다. 이날 아침 클로디아는 308번 노선의 12미터 짜리 버스를 운전할 예정이었다.

업무 사이클은 단순하다. 정차한 뒤 문을 열고 승객이 타기를 기다렸다가 요금을 받는다. 버스가 흔들리면서 앞으로 나아가고 기사는 길을 봄과 동시에 버스 내 승객을 살핀다. 그 뒤 브레이크를 밟아 정류장에 선다. 이를 계속 반복한다.

곧 버스는 만원 상태에 이르렀고 승객들이 통로에 서기 시작했다. 클로디아는 익숙한 솜씨로 운전대를 움직여 고속도로 5호선 급행 차선에 들어섰다. 차로 붐비는 도로에서 흐름에 맞춰 버스를 운전했다.

그녀가 시애틀 시내로 나가는 스튜어트가 출구에 다다랐을 때 사건이 일어났다. 너무 순식간에 일어난 일이라 나중에 다시 생각해봐도 순서를 알 수 없을 정도였다.

버스 앞에 가던 차가 갑자기 미끄러지듯 멈췄다. 운전자는 폭이 좁은 포장도로인 고속도로 갓길 가장자리에 차를 댔다. 그뿐이었다면 클로디아는 방향을 틀어서 차와 부딪히지 않게 주의해서 운전했을 것이다. 그러나 다른 문제가 있었다. 어찌 된 영문인지 운전자가 차 문을 활짝 열고 걸어나와서 차선을 가로막았다. 달리는 버스의 바로 코앞 풍경이었다.

클로디아는 운전석 옆 사이드미러를 보고 방향 지시등을 켠 뒤 운전대를 왼쪽으로 꺾으며 브레이크를 세게 밟았다. 이는 마치 20톤이나 나가는 고래가 쇼핑 카트를 탄 채로 방향을 틀어 움직임을 멈추는 것과 같았다. 정신을 차리고 클로디아가 운전한 버스는 이미 차를 들이받은 상태였다. 다만 재빠른 반응으로 속도를 줄인 덕분에 놀랍게도 승객들은 단 한 명도 다치지 않았다. 그러나 버스에서 내린 그녀는 사태가 아직 끝나지 않았음을 깨달았다. 버스 뒤에 세워진 수많은 차의 운전자와 승객들이 소란을 피우고 있었던 것이다.

경찰이 출동한 뒤 클로디아는 사고 뒤처리에 필요한 절차를 기계적으로 밟았다. 하지만 교통법이 발목을 잡았다. 일반적으로 버스 운전사는 우발적인 사태에 대비해서 방어 운전을 해야 한다. 다른 운전자가 갑자기 브레이크를 밟고 차도 한가운데서 내리는 황당한 상황도 예외는 아니었다. 그로 인해 그녀는 '안전거리 미확보'로 범칙금을 부과받았다.

마치 복부를 한 대 얻어맞은 듯한 기분이 들었다. 지금까지 간신히 우울증을 조절해왔는데 이 사고로 인해 힘겹게 만들어놓은 좁은 발판에서 밀려나 어두운 구렁텅이로 떨어질 것이라는 예감이 들었다. 동시에 극심한 고통이 몰려왔다.

그 와중에 버스 회사 관리자가 클로디아에게 약물 검사를 받을 것을 권유했다. 그녀는 항의할 수도 있을 정도로 떳떳했지만, 사고로 스트레스가 극심했던 탓에 약물 검사 연구원이 준 작은 플라스틱 컵에 도저히 소변을 볼 수가 없었다.

세 번째로 시도한 끝에 연구원은 검사 기록지에 클로디아가 소변 샘플 제출을 거부했다고 기록했다. 겁에 질린 클로디아는 다시 한번 기회를 달라고 사정했다. 연구원이 마지못해 이를 허락하자 그녀는 화장실로 달려갔다. 절박하게 소변이 나오기를 기다렸다.

그 순간 '이것으로 모든 것이 끝이구나'라는 생각이 들었다. '버스 운전은 이제 끝이야. 교통 법원에 가서 범칙금을 내야겠어. 이제 내 인생은 끝이야.' 깨달음 끝에 갑자기 소변이 나와서 플라스틱 컵을 채울 수 있었고, 다행스럽게도 약물 검사에 통과하지 못해 발생하는 법적 분쟁만큼은 간신히 피할 수 있었다. 하지만 운전 일은 그만뒀다. 클로디아는 무직 상태가 되었다.

자연의 법칙대로 밀물과 썰물이 교차되듯이 예상한 만큼의 극심한 우울증이 찾아왔다. 클로디아는 자기 자신을 아주 잘 알고 있었고, 앞으로 어떤 날들이 펼쳐질지 정확히 파악했다. 주의를 분산할 다른 일이나 취미도 없는 상태에서 심각한 고통만이 떠올랐다. 클로디아의 참패인 걸까?

바로 이 시점에 그녀는 고통에서 벗어나려면 '자신'부터 변해야 한다는 사실을 깨달았다. 복용하는 약이나 일자리, 자신을 둘러싼 작은 세계를 바꾸는 것만으로는 부족했다. 본인의 뇌와 몸, 습관, 신념 자체를 완전히 바꿔야 했다.

당시 그녀는 정말로 필사적이었다. 결국 자기 손으로 인생을 바꿀 수밖에 없다고 되뇌었다. 자기계발서부터 교사나 코치의 조언, 인지 신경과학, 단순 상식에 이르기까지 할 수 있는 수단은 모두 시도해볼 참이었다.

클로디아는 본인이 극단적으로 행동하고 있다는 점을 잘 알고 있었지만, 목숨에 지장이 없는 한, 건강해지기 위해 무엇이든 해볼 생각이었다. 어두운 터널 끝에 희미한 불빛이 보일 때까지 온갖 시도를 다 해보기로 마음먹었다.

: 활기 넘치게 행동하면 활기 넘치는 사람이 된다 :

일을 그만두기 한 달 전, 클로디아는 치료사가 밖으로 나가라고 권해서 카페에 갔다가 우연히 옛 친구를 만났다. 친구는 어떤 여성과 함께 테이블에 앉아 있었다. 카페에 남는 자리가 없자 클로디아는 같이 앉아도 되겠냐고 물었고, 두 사람은 흔쾌히 그러라고 했다.

알고보니 두 사람은 재즈 에어로빅 수업을 같이 다니는 사이였는데 아직 운동으로 인한 흥분이 가시지 않은 상태였다. 클로디아는 운동에 취미가 없었지만 두 사람의 모습만은 오래오래 기억에 남았다.

사고 다음 날 클로디아는 출근하는 대신 운동 교실에 갔다. 가톨릭 신자인 그녀는 버스 사고 가해자로서 느끼는 죄책감을 덜기에 운동이 적절한 처벌이라고 생각했다.

수업을 들으려면 한 달 강습료인 38달러를 내야 했다. 클로디아는 일하러 다니듯 매일 수업에 참석하여 수강료 본전을 뽑겠다고 다짐했다. 첫 강습에 참가한 뒤로는 교실 뒤편에 서서 가볍게 춤을 추거나 무릎을 굽혔다 펴면서 다른 수강생들이 땀을 뻘뻘 흘리며 몸을 움직이는 모습을 지켜봤다.

수업이 끝나자 활기 넘치는 강사가 클로디아에게 소감을 물었다. 그녀는 "제가 그렇게 빨리 움직일 수 있을지 모르겠네요"라고 대답했다. 그러자 강사는 "그냥 수업을 잘 따라오려고 하면 돼요"라고 말하고는 금세 자리를 떴다. 그러나 강사는 클로디아를 유심히 지켜봤다.

다음 강습 시간에는 시미Shimmy(어깨를 앞뒤로 빠르게 흔드는 춤 -옮긴이)를 췄다. 그녀는 시미를 출 줄 몰랐다. 원래 가톨릭 신자인 여성은 시미를 추지 않는 법이다. 하지만…… 아닌가?

마침내 그녀는 새로운 세계에 발을 들였다. 강습 시간에 추는 춤은 시미만이 아니었다. 큰소리로 활기차게 "내게 와, 자기"라고 노래하는 남성의 목소리에 맞춰 가슴을 내밀고 엉덩이를 흔들었다. "그 누구도 나를 무너뜨릴 수 없어"라는 노래의 박자에 맞춰 주먹을 머리 위로 흔들었고, "오늘은 밝게 빛나는 하루야"라는 가사를 따라 샤세Chasse(3보 스텝으로 행하는 동작을 말하는 댄스 용어) 스텝을 밟았다.

얼마 지나지 않아 클로디아는 운동을 즐기게 됐다.

: 운동, 만능은 아니지만 효과적인 수단 :

클로디아는 이전에도 우울증을 떨치고자 운동을 해본 적이 있었는데 그때는 효과가 없었다. 왜 이번에는 결과가 달랐을까?

과거 신경과학자들은 인간의 뉴런 수는 태어날 때부터 정해져 있으며 나이가 들면 서서히 감소한다고 생각했다. 시간이 지나 이런 생각이 완전히 틀렸다는 사실이 밝혀졌다. 새로운 뉴런은 매일 생성되며 그 대부분이 뇌에서 학습과 기억을 관장하는 주요 영역인 해마에서 생겨난다.

신체운동학 연구자 찰스 힐먼Charles Hillman은 "운동이 인지, 특히 주의력과 작업 기억, 멀티태스킹 능력 향상을 포함한 집행 기능에 폭넓게 기여한다는 사실을 발견했습니다"라고 언급한 바 있다. 클로디아가 다니던 정신과의 전문의 역시 "운동은 내가 처방할 수 있는 그 어떤 의약품보다도 큰 효과를 발휘합니다"라고 말했다.

실제로 운동은 뇌 기능을 전반적으로 향상시키는 역할을 한다. 운동이 기존 뇌세포와 신생 뇌세포의 성장을 촉진하는 뇌유래신경성장인자BDNF, Brain-Derived Neurotrophic Factor라는 단백질의 생성을 활성화하기 때문이다. 이 효과는 대단히 강력해서 노년층에게서 나타나는 뇌 기능 저하 경향을 '완전히 뒤집을' 수 있을 정도다. 이 분야에서 돌파구가 될 만한 연구를 처음으로 발표했던 캘리포니아대학교 어바인 캠퍼스 신경과학자 칼 코트먼Carl Cotman은 뇌유래신경성장인자는 뉴런이 손상되지 않도록 보호하고 학습을 촉진하는 뇌의 비료 같은 물질이라고 비유한 바 있다.

또한 운동은 세포 사이 혹은 뇌 부위 사이에 신호를 전달하는 화학 물질의 분비를 활성화한다. 운동으로 혈류가 증가하는 단순한 현상이 신체 기능은 물론이고 인지 능력에도 영향을 미치는 것이다.

사실 나이가 들면 자연스럽게 뉴런 사이를 연결하는 지점인 시냅스가 감소한다. 이는 마치 수도관에 부식이 일어나면서 필요한 곳에 물을 공급할 수 없는 상황과 같다. 뇌유래신경성장인자는 이런 부식 현상을 늦추거나 되돌리는 역할을 한다. 나아가 아직 정확한 작동 기제는 알려져 있지 않지만 운동은 장기 기억 능력도 높일 수 있다고 한다. 이는 학습에 있어 아주 핵심적인 요소다. 따라서 뇌가 노화하는 사람들에게 운동은 동화 속 요정 할머니가 마법 지팡이를 휘두르는 것과 같은 효과를 발휘할 수 있다. 노인의 경우 일주일에 75분간 빨리 걸으면 일주일에 225분동안 걸었을 때와 동등한 인지 향상 효과를 기대할 수 있다고 한다.

그러나 이와 관련해서 균형 잡힌 시각을 지닐 필요도 있다. 만약 학습 능력을 향상하고 긍정적으로 생각하는 데 운동만 필요할 뿐이라면 올림픽에 출전하는 운동선수들은 하나같이 발랄한 천재들일 것이다. 반대로 신체 질병으로 운동을 할 수 없는 수많은 사람도 별다른 문제 없이 학습하고 추론할 수 있다. 스티븐 호킹Stephen Hawking을 떠올려보라.

어쨌든 운동을 하면 여러 신경 변화가 일어나므로 새로운 내용을 배우거나 사고방식을 바꾸고자 노력할 때 도움이 된다. 운동은 여러 변화를 '강화'하는 역할을 한다. 다시 말해 운동 프로그램을 지속적으로 실천하면 학습 효율을 높일 수 있다. 진지하게 마인드 시프트를 고려하는 경우라면 계획에 운동을 포함켜라. 엄청난 효과를 기대할 수 있을 것이다.

결론적으로 클로디아는 우울한 사고방식에서 벗어나려면 운동을 해야 한다는 사실을 알게 됐다. 동시에 더 많은 노력이 필요하다는 사실도 깨달았다.

： 능동적으로 생각을 바꾸기 ：

클로디아는 우울증의 고비를 여러 차례 겪었다. 우울증을 평생 겪어야 할 숙명으로 여겼지만 능동적으로 사고를 바꿈으로써 운명을 바꿨다.

그녀는 운동으로 삶의 태도를 바꾼 뒤에 앞서 노력했던 수준보다 훨씬 더 열심히 해야 한다는 사실을 깨달았다. 뇌의 작용에 관한 자료를 찾고 치료사에게 들은 내용까지 정리하며 정보를 하나둘씩 모았다.

예전에 친한 친구가 "나도 우울증이 생길 법한 일을 많이 겪었어. 하지만 그런 일에 우울해하지 않기로 마음먹었을 뿐이야"라고 말한 적이 있었다. 클로디아는 그 말을 기억했다.

우울증을 치료하는 의사나 앓고 있는 환자 등 일부 사람은 약만으로 병에서 벗어날 수 있다고 생각한다. 약 처방이 가장 간편한 방법이기 때문이다. 클로디아 역시 이 함정에 빠진 적이 있었다. 약을 복용하고 1년 가까이 좋은 컨디션을 유지하면서 우울증 치료제의 긍정적 효과를 다룬 기사에 소개된 적도 있었으나 기사가 나가자마자 다시 비관주의자로 되돌아왔다.

그녀는 암울한 구덩이에서 벗어나고자 다양한 방법을 시도했다. 근육을 만들려고 노력할 때와 마찬가지로 신경의 변화 역시 큰 노력이 필요했다. 그것도 아주 많이. 클로디아는 일부러 외출을 하고 다른 사람들이 재미로 하는 일을 시도하는 등 몇 가지 실험을 했다.

그녀는 자기 자신에게 '너라고 특별히 다를 리 없어'라고 말하며 타일렀다. 때로는 무엇을 하든 간에 머릿속에서는 침울한 결과를 예상하며 관성대로 행동하려고 했다. 그러나 클로디아는 자기 마음을 그대로 믿어서는 안 된다는 사실을 잘 알고 있었다. 어두운 마음은 때때로 어리석은 짓을 시켰기 때문이다.

그녀는 자기 자신을 객관적으로 관찰할 수 있도록 나름의 기준을 만들어 기록했다. 보통 사람들이 즐기는 일을 하기 전에 클로디아는 '즐거움을 기준으로 1부터 10까지 점수를 매긴다면 이 활동은 몇 점이 나올까?'라고 스스로에게 물었다. 일을 마친 다음에는 점수를 다시 평가했다. 놀랍게도 예상한 것보다 실제로 경험한 뒤의 점수가 더 높았다. 얼마 후 클로디아는 본인이 어떤 행동을 할 때 즐겁다고 느끼는지 알게 됐고, 그 활동을 되풀이했다.

그녀는 약만으로 우울증을 극복할 수 없다는 사실을 서서히 깨달았다. 결국 사고방식 자체를 바꾸려는 노력을 하지 않으면 마음이 다시 옛날 패턴으로 돌아갈 것이라는 사실도 알게 됐다. 사고방식을 바꾸려는 시도는 매일 계속해야 하는 과정이었다.

평소 클로디아는 감수성이 무척 예민한 편이어서 뉴스 프로그램에서 다른 사람들이 고통받는 모습을 보는 것만으로도 우울해지곤 했다. 그래서 뉴스를 보지 않고 토크 방송이나 음악 방송 위주로 시청하기로 마음먹었다. 대신 본인의 문제를 잘 이해하는 믿을 만한 친구를 통해 필요한 뉴스와 정치 정보를 얻었다.

그녀는 자신이 발가락을 찧든 누군가의 부상 소식을 듣든 간에 고통이라는 감정은 뇌의 지각에서 비롯된다는 사실을 알고 있었다. 본인이 느끼는 통증의 대부분은 어떠한 사건에 관한 무서운 이야기를 스스로 되뇌고 재해석하는 데서 생기는 경우가 많았다. 그래서 클로디아는 감정이나 고통에 사로잡히기보다 문제를 이성적으로 파악하고 해결 방안을 찾는 방향으로 나아가고자 했다.

버스 사고가 일어난 지 3년이 지난 후 이전과 달리 생기 넘치는 66세의 클로디아는 이렇게 말했다.

> "직장을 그만둔 다음 여러 행운이 따랐습니다. 버스 운전을 하지 않으니 스트레스가 줄어든 대신 수면 시간과 몸을 돌볼 시간이 늘어났죠. 친구를 깊게 사귀게 됐고 지적인 자극을 받을 기회도 생겼습니다. 재즈 에어로빅도 시작했죠. 긍정적인 가사의 신나는 음악을 들으면서 하는 격렬한 운동(가장 중요하면서도 힘든 일)을 일주일에 네 번 정도 했습니다.
>
> 버스 사고가 일어난 지 3년이 지난 지금 저는 제 자신이 무척 자랑스럽습니다. 제가 이렇게 발전할 줄은 생각도 하지 못했어요. 물론 저는 부자가 되지도, 학위를 따지도, 대단한 발견을 한 것도 아닙니다.
>
> 하지만 지금은 매일 일정한 시간에 침대에서 일어날 수 있어요. 이제는 무기력한 우울감을 느끼지 않죠. 3년이 넘도록 심각한 우울증 증세가 나타나지 않았어요. 계속 재발하는 심각한 만성 우울증에서 벗어나 잘 살아가는 법을 배웠다고 자신 있게 말할

수 있습니다.

저는 세상을 덜 고통스럽게 바라보는 법을 배웠어요. 그런 관점을 갖기까지 지속적인 학습과 노력이 필요했죠. 원하는 바를 얻으려면 꾸준히 노력해야 한다고 강조하는 태도는 분명 요즘 유행과 다소 거리가 있습니다. 하지만 결국 우리 대부분은 살아가는 내내 노력하고 집중해야 합니다.

이제 제 삶은 건강한 생활 방식 위주로 돌아갑니다. 저는 오래 살고 싶어서가 아니라 살아 있는 동안 기분 좋게 지내고 싶어서 이를 고수합니다. 단 1분 1초도 고통스럽게 살고 싶지 않아요. 제가 의도한 행동이 실제 건강에도 확실한 영향을 미쳤을까요? 사실은 저도 잘 모릅니다. 책에서 읽은 내용에 따르면 신경 회로가 이미 확립된 상황에서 이를 바꾸기란 쉽지 않다고 해요. 의식적으로 행한 노력이 지각에 얼마나 영향을 미쳤는지는 알 수 없습니다. 전 단지 앞으로의 행동과 경험을 바꾸겠다고 마음먹었을 뿐이에요. 즐거움을 제 삶의 방침으로 정하고요.

많은 이들을 신경 썼던 과거와 달리 지금은 무얼 하든 간에 저 자신을 최우선으로 생각합니다. 그런 다음 여유가 닿는 대로 다른 사람과 다른 생물, 그 외 사물을 돌보죠. 이 사실을 깨닫기까지 아주 많은 시간이 걸렸어요. 하지만 실은 무척 단순한 깨달음입니다. 핵심은 애정의 우선순위에 따르는 것이니까요.

저는 요즘 아주 긍정적인 사람이라는 말을 듣고 있어요. 예전이라면 상상도 하지 못했을 이야기죠."

나는 시애틀에서 열린 '학습법 배우기' 수강생 모임에서 클로디아를 처음 만났다. 그녀의 생기 넘치고 쾌활한 태도는 여러 수강생 가운데서도 단연 돋보였다. 과거 우울증 환자였다는 사실이 믿기지 않을 정도였다.

클로디아는 운동을 통해 우울증을 극복하고 사고방식을 바꾸어 인생의 변화를 맞이했다. 많은 사람이 불가능하다고 생각했을 법한 수준의 변화였다. "스스로 학습하세요. 지금 상태를 넘어설 수 있다는 사실을 깨닫고 뇌와 인생 경험을 바꾸려고 노력하세요."

능동적으로 행동하기

클로디아는 능동적인 행동으로 건강을 되찾고자 노력했다. 자기 자신을 관찰하고 운동과 같은 새로운 행위를 시도함으로써 긍정적인 자기 강화를 실행했다. 당신은 어떤 목표를 달성하고 싶은가? 현재 어떤 생각이 당신을 가두고 있는가? 타고난 '유전적 소인' 때문에 언어나 수학을 배울 수 없다고 생각하면서 자기 자신을 가두고 있는가? 진로를 전환하기에는 나이가 너무 많다고 되뇌고 있는가? 목표를 달성하기 위해 지금 당장 시작할 수 있는 새로운 행위는 무엇일까? '소파에서 벗어나 일어서'려면 무엇이 필요할까?

노트에 '능동적으로 행동하기'라는 제목을 쓰고 질문들에 대한 답을 적어보자.

게임 하나 좋아했을 뿐인데

◆

네덜란드 레이던대학교에서 교육 관련 프로젝트 코디네이터로 일하는 탄야 데 비Tanja de Bie는 '두 번째 기회를 살린 사람'이다. 교직원인 탄야는 본인이 즐기는 취미 생활로 쌓은 '쓸모없는' 듯한 지식에서 비롯된 놀라운 통찰력으로 꿈에 그리던 일자리를 차지했다.

○ (((● ● ●
MIND SHIFT

인류 역사를 쭉 살펴보면 언뜻 평범해 보이는 사람들이 난데없이 나타나 권력을 쥐고 세상을 뒤흔든 사례가 있다. 미국 제18대 대통령 율리시스 그랜트Ulysses Grant를 예로 들어보자.

한때 그는 음주 문제로 군에서 쫓겨나 장작을 패며 하층민으로 살았다. 하지만 이후 남북전쟁에서 활약하여 위대한 장군 중 한 명이 되었고 나아가 미국의 대통령이 되었다. 좀 더 현대로 눈을 돌리면 미국 로드아일랜드에서 말단 텔레비전 그래픽 디자이너로 일하다가 세계적으로 유명한 뉴스 앵커로 이름을 날리게 된 크리스티안 아만푸어Christiane Amanpour가 있다. 보잘것없는 중하위 계층 가정에 입양된 애플의 스티브 잡스Steve Jobs는 어릴 적부터 세계 정상급 교육을 받은 빌 게이츠Bill Gates와 맞먹는 상대로 성장했다.

현실은 평범한 가정에서 태어나 쭉 평범하게 자라는 사람이 훨씬 더 많지만, 간혹 마인드 시프트에 성공하는 사람 또한 드물지 않다. 인생과 진로를 전환한 이들은 얼핏 보기에 쓸모없는 듯한 지식을 능력으로 확대시킨다는 공통점을 갖고 있다.

여유로운 미소와 곱슬머리, 멋들어진 네덜란드 억양이 돋보이는 활기찬 탄야도 그중 한 명이다. 유능하고 자신감이 가득 차 있지만 그녀도 처음부터 그랬던 것은 아니다. 한때 탄야는 우등생이었지만 점점 늘어나는 가족(1남 2녀)을 뒷바라지하기 위해 레이던대학교 역사학과를 중퇴했다. 당시 배우자도 아직 학교를 다니는 중이었다.

나는 캘리포니아에 있는 시골벅적한 카페에서 처음으로 탄야를 만났다. 그녀는 온라인 학습 회의에 참석하고자 이곳에 왔고, 마치 내가 외국에 가서 시차 증후군에 시달릴 때와 비슷하게 꿈꾸는 듯한 눈빛을 보였지만 열정만큼은 아주 강렬했다.

우리 두 사람의 젊은 시절은 놀랄 만큼 비슷했다. 탄야도 나처럼 인문학을 좋아했고 본인의 고집대로 인생을 살아왔다. 집안의 생계를 책임지는 가장이어서 언론사, 지방자치단체, 의료업 등 다양한 업종에서 비서로 일했다. 대학 학위는 없었지만 조금씩 경력을 쌓아 비서에서 관리직으로 승진했다.

마침내 탄야는 '무엇을 아는지가 아니라 무엇을 보여주는지가 중요'하다는 레이던대학교의 진보적인 철학에 따라 대학 직원이 되었다. 학교의 정책 부서에 들어간 탄야는 다양한 프로젝트를 수행하고 있다. 그리고 저녁에 퇴근해서 집으로 돌아오면 거의 10년 전부터 열중해온 취미 생활을 이어간다. 바로 온라인 게임이다.

: 현실과 다른 사이버 세계 :

온라인 게임 세계는 현실 세계와 무척 다르다. 온라인 게임은 분석 능력과 실제 지식, 대인 관계 기술이 동시에 나란히 존재하는 특이한 세계다.

탄야는 서사를 중심으로 진행되는 일종의 역할 수행 게임인 '플레이 바이 포스트 게임Play by post game'에 특히 매력을 느꼈다. 대학을 졸업하진 못했지만 역사 지식이 풍부한 그녀는 게임의 이야기 서술 면에서 남다른 존재감을 드러냈고, 덕분에 게임 커뮤니티에서 부회장을 맡게 됐다. 나아가 뛰어난 시각 효과와 흥미진진한 역사적 사건들이 넘치는 역사, 판타지 게임을 직접 만들기도 했다. 탄야처럼 게임 세계에서 활약하려면 HTML과 관련된 심도 있는 지식, 온라인 내 법률 기준 숙지, 스팸봇spambot(스팸 메일 발송을 뒷받침하는 컴퓨터 프로그램 -옮긴이) 파악 등의 다양한 능력을 갖춰야 한다.

그녀는 저녁마다 집에서 어린 자녀들을 돌봄과 동시에 취미에 열중했다. 어지러울 정도로 다양한 세계 각국의 사람들과 교류하는 것이 정말 즐거웠다. "'어리석은 녀석들', 하고 왕은 중얼거렸다. 그의 가족들이 또 골치 아픈 짓을 저지른 것이다. 이렇게 가다가는 영국 왕가 핏줄인 사촌을 가톨릭 일파로 끌어들여 조국 프랑스와 태양왕께 더 큰 영광을 안기려던 계획에 차질이 생길 터였다"와 같은 게임 이야기를 정신없이 쓰다보면 밤을 새우고 새벽을 맞이하는 경우도 종종 있었다.

탄야는 타고난 이야기꾼이었고 온라인 게임은 서사와 분석 재능을 동시에 발휘할 수 있는 보기 드문 창조력 분출구였다. 그녀가 온라인 게임에서 느끼는 흥분과 환희는 실제 생활로 이어졌다. 때때로 직장 동료들과 커피를 마시는 동안 전날 게임을 하면서 겪은 재미있는 일화를 이야기하기도 했다.

또한 온라인 세계에서 만난 여러 상냥한 사람들에게서 따뜻한 정을 느꼈다. 실세계에 비유한다면 이들은 헌혈을 하거나, 소방서에서 자원봉사를 하거나, 가던 길을 멈추고 운전자를 도와주는 사람들이다. 온라인 세계의 친절한 사람들은 게임에 도움이 되는 글을 올리고, 발매 예정 소프트웨어의 베타 테스트에 참여하며, 예리한 상품평을 올리곤 했다.

반대로 어두운 면, 악의를 품은 소수도 존재했다. 온라인 세계는 거대한 확성기처럼 작동하므로 마치 나비효과처럼 이런 악랄한 사람들이 아주 큰 충격을 가져올 수 있다. 게다가 익명성이 보장되기 때문에 직접 대화할 때와 달리 사회적 제약도 거의 없다. 가면을 쓴 악랄한 이들과 평범하게 상호작용 하려는 평범한 사람들은 거대한 회색 곰 앞에서 꼬리를 흔들며 알짱거리는 강아지와 같다.

특히 '트롤Troll'과 '헤이터Hater'라고 불리는 유형은 각별히 주의해야 하는데, 이들은 사이버 세계에서 논란을 만드는 것을 즐긴다. 일부러 자극적인 소재를 올리고(악성 댓글) 타인을 비방하거나 괴롭히면서 즐거워 한다. 또한 이들은 자기 의견을 지지하는 사람이 많은 것처럼 보이도록 하기 위해서 다른 사람 행세(다중 계정 보유)를 하는

데도 능하다.

때때로 트롤은 진짜 추종자를 모으기도 한다. 오해받는 희생자 행세를 함과 동시에, 채팅에서 공감 능력이 뛰어나고 친절한 온라인 사용자들을 칭찬해가며 자기편으로 끌어들이는 수법을 쓴다. 반면에 헤이터는 말 그대로 반론에 아랑곳하지 않고 악의에 찬 말을 쏟아낸다. 이런 행위는 희생자 개개인뿐만 아니라 온라인 커뮤니티 전체를 파괴하기에 이르며, 결국 커뮤니티가 부정적인 기류에 휩싸이고 많은 사용자들이 떨어져나가는 결과를 만들기도 한다.

트롤과 헤이터를 비롯해 온라인에서 불화를 유발하는 사람들을 이해하고 효과적으로 대처하려면 오랜 시간에 걸쳐 특별한 요령을 익혀야 한다. 탄야는 게임을 하면서 이런 요령을 자연스럽게 터득했다.

: 지적인 사람들이 잘 놓치는 것 :

올곧은 태도만 보일 것 같은 학계에도 때로는 타락한 사내 정치가 난무한다. 그래도 대학은 일하기에 즐거운 편이다. 안정적인 지위를 누리는 종신 교수들은 대학생들을 주도하고, 학생들은 대부분 교수에게 '고분고분하게 구는' 편이 이롭다는 사실을 잘 안다. 얼굴을 마주 보고 대화하는 동안에는 익명으로 온라인에 올릴 법한 수준의 선동적인 발언을 내뱉는 학생도 거의 없다.

그러나 많은 교수, 특히 의학이나 공학처럼 전문성이 지극히 높은 분야의 교수들은 속세에서 벗어난 현대판 수도승이나 다름없다. 대부분 몇 년 동안 연구에만 전념해야 하므로 대중문화의 주요 동향을 모르는 경우가 많다. 그러다 보니 세계 정상급 연구자들을 포함한 일부 학자들은 살다보면 생각지 못한 맹점을 만나 난관에 부딪히곤 한다(누구에게나 맹점은 있고 지극히 똑똑한 교수들도 예외는 아니다).

어느 날 탄야는 휴게실에서 레이던대학교 교직원 한 명과 온라인 토론 포럼을 주제로 대화를 나눴다. 온라인 교육에서 토론 포럼은 오랫동안 바람직한 역할을 수행해왔다. 포럼은 일종의 온라인 휴게실과 같은데, 수강생들이 모여서 학습 내용을 논의할 수 있는 중심지로 쓰인다. 30명에서 40명 정도가 참여하는 소규모 지역 온라인 수업에서는 오래전부터 실명으로 포럼을 활용했다.

그러나 무크의 토론 포럼은 사뭇 다르다. 포럼에 글을 올리는 학생의 수는 수십 명이 아니라 수천 명, 심지어 수만 명에 이르고, 그들은 세계 곳곳에 퍼져 있다. 이 중에서 다른 학생을 괴롭히거나 음란물을 올리고 심지어 위협까지 하는 등의 나쁜 행동을 하는 학생은 극소수다. 하지만 자유로운 의견 교환을 위협할 수 있는 학생들, 나아가 극단적인 신념을 숨기고 있는 사람들도 일부 숨어 있다.

탄야는 무크의 토론 포럼이 선동적인 문제를 일으킬 수 있다는 사실을 잘 알고 있었다. 트롤이나 헤이터 한 사람만 있어도 토론의 전체 취지가 바뀔 수 있기 때문이다. 게다가 무크 정도의 규모라면 여러 명의 트롤이 등장할 수 있고, 여러 트롤들이 서로 손잡고 자기들이 행하는 파괴 행위가 마치 정상인 것처럼 유도할 수도 있다.

탄야는 동료 교직원과 이야기를 하는 동안 토론 포럼의 주제가 테러리즘이라는 것도 알게 됐다. 이는 중대한 화제였고, 레이던대학교는 그 주제를 다루는 온라인 분야에서 세계를 주도하고 있었다.

다만 아주 큰 위험성이 존재했다. 테러리즘은 신랄하고 고집스러운 의견을 지닌 사람들, 타인을 배려하지 않고 자기 의견과 다른 견해를 가진 사람들을 헐뜯기 위해서 무슨 짓이든 할 수 있는 이들을 끌어들이는 일종의 피뢰침 역할을 할 수 있기 때문이다. 즉, 테러리즘을 다루는 무크는 탄야가 온라인 세계에서 지겨울 만큼 겪었던 트롤과 헤이터를 끌어당기기 쉽다. 탄야는 이번에 개설하는 테러리즘 강좌에서 트롤을 어떻게 대처할 생각인지 물을 수밖에 없었다.

그러나 "트롤이 뭐예요?"라는 대답만이 돌아왔다.

: 보조 직원에서 대체 불가의 존재가 되기까지 :

"트롤이 뭐예요?" 탄야는 귀를 의심했다. 테러리즘을 주제로 한 무크를 진행하는 대학의 직원이 트롤이 뭔지 모른다고?

갑자기 전세가 역전됐다. 탄야는 교직원에게 온라인 커뮤니티 생태계와 상호작용이 실제 대면 상호작용과 어떤 점에서 비슷하고 어떤 점에서 다른지 설명했다.

또한 레이던대학교는 네덜란드에서 가장 오래되고 여러 방면에서 대단히 명망 높은 곳이었다. 탄야는 포럼을 감독할 관리자가 없으면 트롤과 헤이터 몇 명만 설쳐대도 정상적인 공간이 악의 소굴로 변할 수 있으며, 그렇게 되면 대학 이미지에 손상이 갈 뿐만 아니라 전도유망한 학생들에게 외면받을 것이라고 판단했다.

그날부터 탄야는 일개 보조 직원이 아니라 몇 년에 걸쳐 어렵게 익힌 전문 지식을 동원하여 교수들을 지원하는 역할을 맡게 됐다. 다행히 교직원들은 이 문제를 두고 학위를 딴 전문가를 찾으려고 까다롭게 굴 만큼 어리석지 않았다. 그들은 해당 영역을 잘 아는 누군가가 내놓을 해결책만을 원했다.

마침내 탄야는 무크용 온라인 포럼에 관련된 의문을 해결하는 사람이 됐다. 얼마 후 포럼을 담당하는 '커뮤니티 매니저'라는 중요한 역할을 제안받았다. 자원봉사 멘토를 모집하고 이들을 훈련해서 레이던대학교 무크 수강생 수만 명이 양질의 학습 환경을 경험할 수 있도록 뒷받침하는 업무였다.

이내 교수들도 탄야에게 의지하게 됐다. 그녀가 처음으로 한 조언은 무엇이었을까? 바로 트롤에게 '먹이'를 주지 말라는 말이었다. 이는 선동적인 글에 반응하지 말라는 뜻이다. 또한 진짜 악질적인 글이 올라오면 커뮤니티 전체 분위기를 흐리기 전에 아예 삭제하기를 권했다.

사실 이 접근법은 지금의 시각으로 생각하면 그닥 놀랍거나 새롭지 않을 것이다. 하지만 당시는 과거였던 점을 기억하자. 실제 많은 대학교가 레이던대학교 사례에서 도움을 얻었고, 학교는 아예 온라인 학습과 관련된 새로운 직책을 만드는 선견지명을 발휘하기도 했다. 현재 탄야의 정식 직함은 레이던대학교 무크 담당 프로젝트 코디네이터 겸 커뮤니티 매니저다.

내가 레이던대학교를 방문했을 때 탄야의 상사는 이렇게 말했다. "그녀는 자기 일자리를 스스로 만들어낸 거예요. 정말 열심히 일하죠. 처음에는 일주일에 하루 정도 포럼을 관리하는 일부터 시작했는데, 생각보다 훨씬 많은 일을 해냈어요. 탄야는 우리에게 꼭 필요한 기술을 갖추고 있었어요."

: 대학 졸업장보다 더 중요한 실무 능력 :

정식 학위를 따지 못했음에도 불구하고 대학교 내의 온라인 세계를 책임진 탄야는 독보적인 존재감을 드러냈다.

이 사례에서 알 수 있듯이, 학사, 석사, 박사 학위로 구성된 대학 학위 수여 제도는 빠르게 변화하는 현대 직장의 요구에 맞춰 민첩하게 대응하기 어렵다. 그런 점에서 융통성 있게 새로운 직책을 만들고 적절한 인재를 채용한 레이던대학교의 과감한 대처는 인정할 만하다. 덕분에 제대로 대응하지 못한 다른 학교들이 겪은 무크 수강생 감소 문제를 피할 수 있었다. 레이던대학교는 수강생 수의 감소는커녕, 수많은 학생에게 수준 높은 온라인 강의를 제공하는 부문에서 유럽 선두를 달리고 있다. 또한 새로운 일자리 창출에도 기여했다.

요즘도 탄야는 꿈을 꾸는 듯한 기분이 든다고 한다. 페이스북과 트위터를 오가며 '즐기는' 일을 본업으로 삼고 있기 때문이다. 좋아하는 일을 하면서 돈을 벌고 전 세계를 누비는 특전까지 누리는데, 자신의 의견까지 존중받는다. 보기 드문 꿈의 일자리가 틀림없다.

과거 코만치족이 말과 관련된 전문 지식을 빠르게 축적하고 알리 나크비가 디지털 마케팅 분야로 진로를 전환하면서 발견했듯이, 과거의 일자리와 기술이 쇠퇴하는 그 순간 새로운 일자리와 기술이 들어선다. 그러나 새로운 일자리는 아직 직업으로 분류되지 않은 경우가 많고 심지어 공식적으로 존재하지 않기도 한다. 심지어 기관들이 새로운 기술을 갖춘 인재가 필요하다는 사실을 아예 알아차리지 못하는 상황도 있다. 혹은 신기술이라 정식으로 훈련받은 사람이 아예 없을 때도 있다.

탄야는 두 번째 기회를 살려 자신의 일자리까지 창출해낸 사람으로서 여전히 게임도 학습도 쉬지 않는다. 또한 인터넷 게임뿐만 아니라 실생활에서도 자녀들, 그들의 친구들과 함께 주사위 게임을 하면서 가족 간 유대 관계를 강화하고 아이들이 많은 경험을 쌓게 해주려고 한다.

：성차에 관한 가벼운 여담 ：

탄야는 역사를 좋아했고 언어적 재능을 타고났다. 하지만 게임에 관한 관심에서 드러나듯이 예리한 분석 기술도 갖추고 있었다. 심지어 온라인 게임 설계까지 할 줄 알았다. 이는 초보적이거나 일반적인 컴퓨터 활용 능력을 뛰어넘는 수준이다. 그녀는 스스로 인문학을 지향하는 사람이라고 생각하는 듯했지만, 만약 본인이 원했다면 분석 능력을 요구하는 분야에서 일했을지도 모른다.

여태껏 탄야의 인생 궤적을 충분히 살펴봤다. 그녀가 분석 기술을 분명히 갖췄는데도 인문학을 선호하는 경향을 보면 여성의 능력과 관심 분야가 남성과 어떻게 다른지 검토해볼 필요가 있다.

일반적으로 남아와 여아는 비슷한 수학 능력을 나타내지만 실제로 많은 여아가 자신이 수학보다 언어에 재능이 더 많다고 생각하고, 남아는 자신이 언어보다 수학을 더 잘한다고 생각하는 경우가 많다. 이런 경향은 어린이의 언어 능력 발달을 늦추는 남성 호르몬 테스토스테론에서 비롯된다. 따라서 테스토스테론 분비가 왕성한 남아는 나이가 같은 여아보다 자신의 언어 능력이 떨어진다고 느낀다(물론 이는 평균일 뿐이며 개인에 따라 크게 다를 수 있다).

아래의 그림을 살펴보자. 왼쪽 그림은 남아와 여아의 수학 능력 발달 차이를 나타낸 것으로 확실히 실질적인 차이는 없음을 알 수 있다. 반면에 오른쪽 그림은 평균적인 언어 능력 차이를 나타낸 것인데 그림으로 알 수 있듯이 남아는 여아에게 뒤처진다.

수학 능력 발달 차이

성장 과정에서 여아와 남아는 수학 능력
발달 수준에 큰 차이를 나타내지 않는다.

언어 능력 발달 차이

일반적으로 남아는 여아보다 언어 발달이
늦다. 유아기에 남아는 나이가 같은 여아
보다 말을 늦게 시작하고 말수가 적은 편
이다.

즉, 유아기 이후 언어 능력은 평균적으로 여아가 남아보다 앞선
다. 반면에 남아는 자신의 수학 능력이 언어 능력을 훨씬 웃돈다고
느낀다. 위 두 그림을 합쳐서 아래 그래프처럼 나타내보면 남아와
여아가 각각 수학 능력, 언어 능력이 더 뛰어나다고 주장하는 이유
를 알 수 있다. 둘 다 맞는 말이지만, 사실 수학에 관한 한 남녀가 가
진 평균적인 능력은 거의 동일하다고 한다.

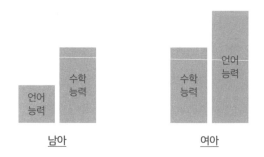

대개 우리는 자기가 잘하는 분야와 관련된 꿈을 키운다. 그러다
보니 여아는 뛰어난 언어 능력을 요구하는 과목을 더 잘하게 되는

것이다. 남아는 언어 능력을 요구하는 과목보다 숫자 관련 과목이 더 쉽다고 느낀다. 이와 더불어 테스토스테론이 근육 성장도 돕기 때문에 남아는 스포츠를 좋아하는 경향도 보인다.

그러다 보니 안타깝게도 여성이 흔히 나타내는 강점인 뛰어난 언어 능력이 생각지도 못하게 불리하게 작용한다. 여성은 남성과 맞먹는, 혹은 그 이상으로 뛰어나게 수학과 과학 능력을 발휘할 수 있는데도 자기가 언어 분야에만 재능이 있다고 믿곤 한다. 실제로는 재능을 개발하기 위해서 좀 더 험준하게 보이는 길을 선택하기만 하면 되는데 말이다.

당신은 특별한 기술을 갖고 있는가?

오랫동안 탄야는 온라인 커뮤니티를 관리하면서 귀중한 기술을 개발했다. 온라인 게임 커뮤니티를 일종의 놀이터로 활용해서 프로그래밍, 웹사이트 구축뿐만 아니라 대규모 온라인 커뮤니티가 발달하는 과정과 상호작용 방식까지 배웠다. 다행히 충분한 선견지명을 갖췄던 레이던대학교는 학벌과 관계없이 탄야의 능력이 학교에 꼭 필요하다는 사실을 알아차렸다.

이제 당신의 지난 경험을 떠올려보라. 그동안 간과했지만 진가를 발휘할 수 있는 특이한 기술을 하나쯤은 갖고 있지 않은가? 과거에는 할 수 없는 일이라고 생각하면서 포기했지만 지금이라면 써먹을 수 있을 만한 기술을 갖고 있지 않은가? 노트에 '특별한 기술'이라는 제목을 쓰고 이 질문들에 대한 답을 적어보자.

학교를 중퇴한 문제아, 대학 학장이 되다

◆

과테말라시티에 있는 프란시스코 마로킨대학교의 학장인 자크 카세레스Zach Caceres는 이른 나이에 자기주도 학습법을 파악함으로써 수많은 장애물을 극복했다. 사실 그는 열여섯 살 때 학교를 중퇴했고 한때 모두가 학습부진아, 부적응자라고 말한 소년이었다.

20대 중반의 자크는 침착하고 자신감 넘치는 모습 덕분에 실제 나이보다 훨씬 성숙해 보인다. 그는 과테말라에 있는 프란시스코 마로킨대학교의 마이클 폴라니대학(4년제 예술 학사 프로그램) 학장이다.

나는 과테말라에서 자크를 처음 만났다. 그는 몇 년 전 과테말라에 왔을 때 막 스페인어를 공부하기 시작했지만 지금은 아주 유창한 수준을 자랑한다. 식당에서 내가 당황해서 메뉴를 보고 있는 동안 그는 직원과 스페인어로 잡담을 나누며 스스럼없이 맥주를 주문했다. 그는 '카킥Kak ik'은 맛이 강한 칠면조 수프이고 '페피안Pepian'은 향신료가 듬뿍 들어간 고기 스튜라고 설명했다. 사실 내가 과테말라를 방문한 이유는 자크에 대해 알기 위해서였다.

: 어딜 가도 환영받지 못한 소년 :

자크의 이야기를 시작해보자. 그의 아버지는 자크가 태어나던 해에 실직했다. 존경받던 유능한 엔지니어로 기업 간부 자리까지 올라

갔지만 결국 미국 메릴랜드주 시골 지역의 이동 주택 주차장 관리인으로 내려앉았다.

그런가 하면 자크가 다니던 학교의 상황도 좋지 못했다. 학교는 수많은 다른 학교와 마찬가지로 학생의 욕구를 제대로 충족시켜주지 못했다. 심각한 지역 내 빈부 격차는 근처에 휴양지가 들어오면서 더욱 심해졌고, 학생과 교사들 모두 더욱 힘들어졌다. 사실 일부 미국 공립학교의 체계는 오래전부터 열악함 그 자체였다.

어두운 현실은 개개인 모두에게 영향을 미쳤다. 교사들은 늦게 출근하기 일쑤였고 학생들은 책상도 제대로 갖추지 않은 이동식 주택 교실에서 감독하는 교사조차 없는 상태로 자기들끼리 많은 시간을 보냈다. 열세 살이었던 자크와 동급생 일부는 불만이 가득했고 그 감정을 서로에게 풀었다. 마치 『파리대왕Lord of the Flies』 속 학생들 모습과 같았다. 아이들은 오락거리를 찾아서 영화 「파이트 클럽Fight Club」의 주인공처럼 싸움판을 벌이곤 했다.

안타깝게도 자크는 어릴 때부터 왕따를 당했다. 또래 소년보다 몸집이 작고 책을 좋아했으며 어리숙한 편이었다. 적어도 어린 그가 느끼기에 가장 큰 문제는 공포감을 조장하는 학교 문화 그 자체였다. 몇몇 예외를 제외하고는 제자를 자기 마음대로 다루고 학대하는 대부분의 교사가 다른 의견을 내놓는 학생들을 지독하게 괴롭혔다. 그리고 자크는 분명히 다르게 생각하는 학생이었다. "저는 항상 비주류였어요. 어릴 때는 어딜 가나 남들과 의견이 달라서 사람들을 열 받게 했죠. 소외감을 느꼈습니다. 그러다 보니 '나는 남들이다 좋다고 생각하는 것을 보면서도 늘 잘못됐다고 생각해. 나는 분명 멍청한 거야. 나쁜 사람임이 틀림없어' 하고 생각했어요."

문제는 독립적이고 창조적인 자크의 사고방식이었다. 글을 빨리 쓸 줄 알았던 자크는 시험을 칠 때 다른 아이들보다 훨씬 많은 양의 텍스트를 작성했다. 그러나 시험은 기계로 채점되었고, 점수를 매기는 영역은 이미 정해져 있었으므로 기준에서 벗어난 그의 시험 결과는 학력 미달 판정을 받는 경우가 많았다. 그래도 뛰어난 글을 알아보는 이들이 종종 있었다. 자크의 어머니는 그가 수업 시간에 쓴 작문을 교사가 워크숍에서 본보기로 제시하는 경우가 많았다고 말했다.

그는 학교에서 또래 중재 집단에 들어갔다. 다른 사람들을 도우며 조금이나마 긍정적인 방향을 찾을 수 있을지도 모른다는 희망을 갖고 다른 학생들과 함께 논쟁을 해결하고자 했다. 그러나 중재 과정에도 문제가 많았다. 주로 학생의 사적인 사정을 들추기 일쑤였고 그렇게 알려진 사정은 가십거리가 됐다. "논쟁 해결 회의를 열고 저는 다들 가십만 퍼뜨리고 있을 뿐이라는 생각을 말했습니다. 의견은 받아들여지지 않았습니다. 그날 저녁 함께 머무르는 호텔 방에서 다들 제게 얼음을 던졌어요. 정신을 차려보니 우리는 싸우고 있었죠"라며 자크는 그 시절을 회상했다. 논쟁 해결 회의에서 도리어 주먹다짐을 벌인 꼴이었다.

다음에는 보이스카우트에 가입했다. 지역 사회 봉사 활동의 일환으로 그는 초등학생을 위한 방과 후 음악 프로그램을 만들고, 지역 주민에게 기부를 받고자 악기 기부 체계를 만들었다. 그러나 자크의 행보는 작은 놀이터를 만들거나 기구를 고치는 일반적인 보이스카우트 활동과 무척 달랐다. 보이스카우트를 평가하는 학부모 심사단 중 한 명은 자기 아들의 성공에 자크가 위협이 된다고 생각하기까지 했다. 음악 프로그램을 개시하기 위해 열심히 준비했지만 충분한 리더십 능력을 갖추지 못했다는 이야기만 들었다. 환멸을 느낀 자크는 보이스카우트도 탈퇴했다.

음악에 대한 그의 열정은 교회에서도 비슷한 문제를 일으켰다. 자크는 청년부 장기 자랑 대회에 나가는 일원으로 뽑혀 유타주로 가게 됐다. 참가곡은 찬송가 '어메이징 그레이스'를 편곡한 재즈곡이었다. 2000년대 중반이었음에도 불구하고 '재즈는 교회에 어울리지 않는다'라는 이유 하나만으로 대회에서 실격 처분을 받았다. 문제는 관습에서 벗어난 음악만이 아니었다. 청년부 목사가 자크를 한쪽으로 데려가더니 조용히 지적했다. "우리가 하는 말에 항상 온갖 트집을 잡는 짓은 이제 그만둬." 자크의 지성과 독립성, 창조력은 다른 환경이었다면 높이 평가받았을 만한 수준이었지만 정작 그가 있는 곳에선 늘 문제만 될 뿐이었다.

가는 곳마다 '부적응자'로 대우받은 자크는 서서히 변하기 시작했다. 청소년기에 접어들면서 그의 행실이 눈에 띄게 나빠졌다. 다른 소년들과 건설 현장에 침입해 창문을 깨고 페인트를 벽에 뿌린 뒤 자재를 훔쳤다. 일명 '나쁜 무리'와 함께 자동차에 돌을 던지고 경찰차에 달걀을 던졌으며 빈집을 태우려고 하기도 했다. 기도원으로 가던 소녀들을 꾀어내서 놀기도 했다.

요컨대 그는 삶에 환멸을 느끼는 어리석은 인간이 되어가고 있었다. "그 시기를 떠올리면 괴롭습니다. 당시에 알고 지내던 사람들은 대부분 사고나 약물 과다 복용으로 죽었습니다. 지금은 페이스북 친구 목록으로만 남아 있죠."

갈수록 좌절감이 깊어졌고 가족과의 관계도 흐트러졌다. 하지만 중학교 3학년이 된 뒤 어느 날, 모든 것이 변했다. 버스 정류장 옆에 있던 숲은 자크의 피난처였는데, 그는 매일 학교로 가는 버스를 타지 않고 이곳에 숨곤 했다. 그렇게 나태한 무단결석생의 모습으로 다시 집에 가거나 주변을 어슬렁거렸다. 하루하루 갈수록 비참해졌지만 더 대담해지기도 했다.

하루는 평소보다 출근 준비가 늦어진 어머니가 집에 남아 있었다. 부모의 눈을 피해 숨으려는 노력조차 하지 않았던 자크는 그만 걸리고 말았다. 그는 그날만 학교를 빼먹은 것이 아니라 거의 매일 결석하고 있었다. 문제를 해결하기 위해 모인 가족은 마치 텔레비전 프로그램 같은 모습으로 중재에 나섰다. 모두 심각한 표정으로 둘러앉아 마치 문제가 그에게만 있다는 듯 말했다.

적어도 한 가지 사실만큼은 분명했다. 자크는 학교를 그만두고 싶었다. 괴롭힘과 수준 낮은 교육이 결국 그를 어둠의 길로 내몰 것이 분명했다. 자크는 두려웠지만 한 가지 대담한 해결책을 제시했다.

: 모두가 기대한 청소년 연구의 결과 :

자크가 청소년이었을 당시, 자기 상황에 빛을 비춰줄 연구가 있다는 것을 알았더라면 그는 분명 큰 관심을 가졌을 것이다.

저명한 사회학자 조안 매코드Joan McCord는 위험한 환경에 처한 청소년을 오랫동안 연구했다. 명랑하고 재능 있는 학자 매코드는 젊은 시절 힘든 일을 많이 겪었다. 대학원에 다닐 때 알코올 중독 남편과 이혼하면서 겨우 관계를 정리했고, 기운 넘치는 사내아이 둘을 홀로 키우며 고군분투했다. 여성은 경제 활동을 하기보다 주부로 가정을 돌보는 것이 당연했던 1960년대 초에 매코드는 아이들을 키우면서 동시에 학교 일에 열중했고, 1968년에 스탠퍼드대학교에서 사회학 박사 학위까지 받았다.

평소 그녀는 범죄학 연구에 관심이 많았다. 머릿속에 항상 '사람들은 어쩌다 올바른 길에서 벗어나게 되는 것일까?'라는 의문이 맴돌았다. 매코드는 '케임브리지 서머빌 청소년 연구'를 살펴보던 중에 예기치 않게 그 답을 찾았다.

어린 소년들의 비행 방지를 목적으로 실시된 케임브리지 서머빌 청소년 연구는 1930년대에 리처드 캐벗Richard Cabot이라는 연구자가 처음으로 시작했다. 상담과 학습 지도 등 아이들의 삶을 향상하는 데 가장 효과적인 방법이 무엇인지 수치로 나타낸 연구였다.

연구 대상은 보스턴 지역에 거주하는 500명 남짓의 소년이었고, '어려운 소년(비행 청소년을 지칭)'과 '평범한 소년' 모두를 포함했다.

먼저 가족 규모와 구성, 거주 지역, 수입, 성격, 지능, 체력 등을 비롯한 다양한 특성을 최대한 고려해서 대조가 가능하도록 짝을 지었다. 그다음 각 쌍에서 임의로 한 명은 지원군, 남은 사람은 대조군으로 정했다. 전자인 지원군은 풍부한 지원을 받았고 대조군은 어떤 관심이나 지원도 받지 못했다.

지원군에게는 상담사도 붙여주었다. 상담사는 담당 청소년을 운동 경기에 데려가고 운전을 가르치며 일자리를 얻을 수 있도록 지원원함과 동시에 가족 상담과 동생들을 돌보는 일까지 도왔다. 지원군에 속한 소년 중 상당수는 교과목 지도를 받고 의료나 심리 치료를 받았으며, 여름 캠프를 비롯한 지역 사회 행사에도 참여했다. 반면에 대조군은 평소대로 똑같이 생활했다.

실험이 끝난 지 대략 5년이 흐른 뒤인 1949년에 연구자들은 지원군과 대조군 소년들을 추적했다. 하지만 예상과 달리 지원군에 속한 소년들에게서 주목할 만한 어떤 유익한 결과를 찾을 수 없었다. 연구자들은 어떤 결론을 내렸을까? 프로그램의 효과를 평가하기에는 아직 너무 이르다고 판단했다. 약 10년 후에 소년들을 다시 한번 평가한다면 효과가 명백하게 나타날 것이라고 예측했다.

1957년, 당시 대학원생이었던 매코드가 처음으로 이 연구에 참여하게 됐다. 그녀는 얼마 안 되는 돈을 받고 연구 대상 소년들을 재추적하는 일을 맡았다. 작업은 다소 지루했지만 보람도 있었다. 과거 기록 중에는 5년이 넘도록 월 2회씩 작성된 보고서도 있었는데, 이 자료만 해도 소년 한 명당 수백 장에 달하는 분량이 나왔다. 매코드 역시 몇 달 동안 공들여 철저히 검토했으나 그녀가 찾은 결과도 역시 이전 연구자들이 발견한 것과 똑같았다. 예를 들어 체포 비율, 강력 범행 건수나 범죄를 저지른 나이 등에서 어떠한 차이도 드러나지 않았다. 프로그램이 소년들에게 미친 영향을 알아보기에 아직도 너무나 이른 시점인 걸까?

연구 결과가 매코드의 머릿속을 떠나지 않았다. 그녀는 연구가 계속 신경 쓰였지만 정확히 어떤 점이 마음에 걸리는지 알 수 없었다. 후속 연구에서 중대한 단서를 놓쳤나? 처음에 '효과가 없다'라고 결론 내렸던 지원책이 실은 약간의 효과가 있었던 게 아닐까? 실제로 성인이 된 소년 중에 그때 받은 지원이 가치가 있었다고 대답한 사람도 있었다. 미국 국립보건원도 연구 결과에 흥미를 보였다. 국립보건원은 매코드가 연구 대상을 재추적하는 팀을 꾸릴 수 있도록 자금을 제공했다.

시간이 흘러 연구가 끝난 지 30년이 지났고 대상자의 수도 500명이 넘는 상황이었지만, 매코드 팀은 과거의 소년들을 찾고 그들의 인생이 어떻게 풀렸는지 비교하는 엄청난 작업을 시작했다. 마치 수사관이라도 된 듯 주민 명부, 자동차 등록, 혼인 기록 및 사망 기록 같은 수많은 서류와 법원, 정신 요양 시설, 알코올 중독 치료 센터 등의 기관에서 증거를 수집했다. 놀랍게도 무려 98퍼센트에 달하는 대상의 현재 거처를 찾아냈다. 그들 대부분이 40대 후반에서 50대 초반의 나이가 되었는데, 그중 약 75퍼센트가 조사에 응했다.

대상 남성들의 피드백은 솔직했다. 응답자 중 3분의 2가 프로그램이 유익했다고 말했다. 그들은 프로그램 덕분에 길거리로 내몰리거나 여러 문제에 휘말리지 않을 수 있었다고 했다. 다른 사람과 어울리고, 타인을 믿고 신뢰하며, 편견을 극복하는 법도 배웠다고 말이다. 개중에는 상담사가 없었다면 본인은 결국 범죄자가 됐을 것이라고 고백한 사람도 있었다.

그러나 실제 결과는 피드백과 정반대였다. 해당 프로그램은 지원군에 속한 소년들의 삶을 크게 향상시키려는 목적으로 실시됐는데, 그들의 모습은 예상과 전혀 달랐다. 지원군에 속했던 많은 사람들이 범죄를 저지르고, 알코올 중독이나 심각한 정신 질환 증세를 갖고 있었으며, 스트레스 관련 질환을 앓거나, 사회적 지위가 낮은 직업에 종사하거나 하는 일에 만족하지 못하는 사례가 많았던 것이다. 요절한 경우도 적지 않았다. 심지어 더 많은 지원을 받았던 경우일수록 현재 모습이 더 부정적이었다.

연구가 끝나고 30년이 지난 뒤에 프로그램이 전적으로 해로운 영향을 미쳤다는 사실이 드러났다. 비행 청소년과 평범한 청소년 모두에게 좋지 못했다. 연구 참여자가 직접 내놓은 주관적인 보고는 신뢰하기에 어려움이 있었다.

좋은 의도로 세심한 주의를 기울여 설계한 지원 프로그램이 기대와 달리 많은 사람에게 해를 끼치게 된 이유는 무엇이었을까? 다시 자크의 이야기로 돌아가보자.

: 학교를 떠나다 :

가족과 여러 차례 진심 어린 대화를 나눈 끝에 자크는 일단 중학교 3학년까지 학기를 마치고 여름방학 동안 대안을 찾기로 했다.

그는 부모와 함께 사립학교를 돌아봤지만 일부는 등록금이 너무 높았고 대부분은 사실상 공립학교의 대안이 될 수 없는 수준이었다. 많은 학교를 돌아본 자크는 해결책이 단 하나밖에 없다고 확신하기에 이르렀다. 바로 중학교를 끝으로 공부를 그만두는 것이다.

처음 그가 의견을 내놓았을 때 부모는 진지하게 받아들이지 않았다. 하지만 자크가 공부를 아예 그만두지는 않을 것이라고 재차 설득했다. 실제로 그는 하루 종일 이리저리 치이며 학교에 앉아 있는 대신 다른 방식의 학습 계획을 그리고 있었다.

자크는 학교에 가지 않기로 결정한 날을 아직도 기억한다고 했다. "집 근처 숲을 오랫동안 산책하면서 영적인 체험이라고밖에 설명할 수 없는 경험을 했습니다." 마침내 그는 두려움이나 부끄러움을 느끼지 않고 남들과 다른 괴짜의 본모습을 드러낼 자유의 시간을 누리게 됐다.

그의 부모는 둘 다 근무 시간이 길어서 직접 자녀를 가르칠 여유가 없었다. 대신 규칙을 만들었다. 자크가 공부하고 있다는 사실을 대화로 알려줄 것, 그리고 집에만 틀어박혀 있지 않고 어떤 일이든 해야 한다는 내용이었다. 때때로 아버지는 자크가 아침 식사 시간에 발견할 수 있도록 냅킨에 몇 가지 문제나 퀴즈를 적어두곤 했다.

학교를 그만두던 날, 교사는 자크에게 "밝은 미래를 맞이할 희망을 모조리 포기하는 셈"이라고 지적했다. 친척들도 그의 선택을 부정적인 시각으로 보면서 학교를 그만두도록 허락한 부모는 자녀의 인생을 망치는 존재라고 비난했다.

학교를 나온 자크는 학생 신분으로서 얻을 수 있는 혜택을 더는 볼 수 없었다. 밴드에 들어가거나 지역 고등학교에서 진행하는 과외 활동에 참여할 수 없었고, 도서관을 이용하거나 장학금을 받을 수도 없었다. 그러나 자크는 이전에 했던 나쁜 짓을 전부 그만뒀다. 좌절감에서 벗어나 에너지를 건설적인 방향으로 돌리기로 한 것이다. 부모와의 관계도 다시 좋아졌고, 자기가 어디에 있었고 무엇을 했는지 솔직하게 말하며 거짓말을 하지 않게 됐다. 그는 학교를 그만둔 것이 학습에 도움을 줬고 올바른 판단이었다고 생각하게 됐다. 물론 졸업장과 학력이 없어서 기관과 소통하기가 힘들기는 했지만, 틀에 박힌 기존 교육과 또래 아이들이 미치는 해로운 영향에서 벗어난 덕분에 진정한 자기 자신을 찾을 수 있었다.

그는 도서관과 인터넷을 활용하는 동시에 풍부한 호기심을 발휘하여 남들보다 일찍 진짜 세상을 배웠다. 그는 소매점 뒤편 쓰레기통에서 찾아낸 전자제품을 수리한 다음 이베이에서 판매하기까지 했다. 온라인 강의를 들으며 새로운 학습 환경의 도움을 받았고, 꾸준히 책도 읽었다. 이후로 생긴 독서 습관은 나중에도 큰 도움이 됐다.

불규칙적이고 특이한 학습 과정을 밟은 자크가 후회하는 것이 딱 한 가지 있다면, 바로 기술을 잘 이해하는 데 도움을 주었을 수학과 과학 과목의 기초를 다지지 못한 점이라고 했다. 그래도 만족스러웠다. 학교를 그만두고 일과에 여유가 생기면서 음악 활동에 참여하게 된 것도 학습 기술 향상에 도움이 됐다.

어느 날 자크의 아버지가 대학교에서 열리는 재즈 밴드 콘서트에 자크를 불렀다. 콘서트가 끝나고 교수가 나와 이 밴드는 누구에게나 열려 있다고 설명했다. 그 말을 곧이곧대로 믿은 자크는 교수에게 전화를 걸었다. 메시지를 남겨도 전화가 오지 않자 다시 전화를 걸고 또 걸었다. 결국 그의 끈기가 통했다. 자크는 교수에게 "제가 어떻게 하면 음악을 가르쳐 주시겠어요?" 하고 물었다.

그렇게 자크는 처음으로 누군가의 제자가 됐고 음악에 푹 빠졌다. 음악에 대한 그의 열정이 어느 정도였냐면, 기타리스트의 거장인 지미 브루노Jimmy Bruno에게 단 한 차례의 온라인 비디오 레슨을 받기 위해 100달러를 모으기까지 할 정도였다.

기타 연주를 배우면서 자크는 좀 더 '조직화된 괴짜'가 되는 법을 배웠다. 예전에 자크는 명확한 목표와 계획이 없는 상태로 생각하고 공부하는 경우가 많았지만 그와 달리 기타 연주를 잘하려면 세심한 사고가 필요하다는 것을 깨달았다. 반복적인 절차와 흐름의 중요성을 느꼈다. 즉, 언제든지 원활하게 기억해낼 수 있는 탄탄한 신경 패턴을 만들기 위해서 매일 계획적으로 연습하는 것이 중요하다는 사실을 인식하게 된 것이다.

또한 학습 수준이 우수한 단계로 뻗어나가려면 가장 어려운 부분을 집중해서 반복하는 '의도적 연습'이 중요하다는 사실도 알게 됐다. 실제로 재즈 세계에는 뮤지션이 이러한 진보적인 방향으로 나아가도록 압박하는 문화가 있다. 자크는 연주자가 리허설에서 매번 똑같은 곡조만 연주하면 웃음거리가 된다고 말했다. 재즈계에서는 이런 사람들을 가리켜 '장작 창고'라고 부른다. "장작 창고에나 처박혀 있지 그랬어? 연습은 왜 하지 않았지?"

그는 열여섯 살 때 본인의 음악 멘토가 교수로 재직 중인 지역의 대학교에서 학점 이수 강의를 들었고 약 1년 후에 뉴욕대학교로 갔다. 편입생으로 정식 입학했으므로 아무도 그의 학력에 관심을 기울이지 않았다.

그러나 졸업을 앞둔 4학년이 되자 자크는 고등학교 졸업장 사본을 제출하라는 이야기를 들었다. 그에게는 고등학교 졸업장이 없었다. 고등학교를 졸업하지 않았어도 평균 평점이 3.98에 달했는데(게다가 그는 풀타임으로 아르바이트를 하는 동시에 하루 두 시간씩 등하교에 시간을 쓰면서도 이 평점을 따냈다) 말이다. 이번에도 자크는 세상의 체계에 좌절했다. 결국 그는 텍사스대학교 온라인 프로그램을 듣고 간신히 고등학교 졸업장을 취득했다.

그는 정치, 철학, 경제학 학위를 복수 전공해서 뉴욕대학교를 훌륭한 성적으로 졸업했다. 또한 아주 우수한 성적을 받은 학생에게 대학교가 수여하는 상을 받았다. 그는 승승장구하기 시작했다. 뉴욕대학교 역사학 교수의 연구 조교가 됐고 케냐로 가서 비공식적인 경제 연구를 하며 원조도 받았다. 이곳에서 자크는 개발도상국의 기업가 정신에 매료됐다.

뉴욕에 있는 급진 사회 기업가Radical Social Entrepreneurs라는 신규 업체에서 일하던 어느 날, 자크는 지안카를로 이바르구엔Giancarlo Ibárgüen이라는 사람에게 이메일을 받게 된다. 이바르구엔은 과테말라의 명문대 프란시스코 마로킨대학교 총장이었다. 그는 자크에게 과테말라에서 여러 프로젝트를 협동으로 진행해보지 않겠냐고 제안했다. 기다리고 기다리던 기회가 온 것이다.

자크는 곧장 과테말라로 떠났다. 스물다섯 살의 자크는 프란시스코 마로킨대학교에 속한 마이클 폴라니대학에 유익하면서도 실험적인 교양 과목 프로그램을 만들었다. 이 프로그램을 듣는 학생은 모두 직접 본인의 학위를 설계해야 한다. 새로운 프로그램이 배출한 창의적이고 의욕 넘치는 졸업생들을 원하는 기업이 줄을 서기 시작하며 학생 전원이 취직하거나 자기 사업을 열었다. 과거 학습부진아로 낙인 찍힌 자크의 과거를 생각하면 상상하지 못할 수준의 결과가 탄생한 것이다. 하지만 그는 여기서 멈추지 않았다.

현재 자크는 개발도상국에서 하고 있는 일에 깊은 애정과 책임감을 느끼고 있다. "누구나 예상할 수 있듯이 제3세계 국가들은 온갖 문제를 안고 있습니다. 가난하고 교육 인프라도 부족하죠. 하지만 이런 곳에서 일하면 엄청난 기회를 발견할 수 있어요."

그는 누구에게나 천재성이 있다고 강조했다. 다소 진부한 표현이지만 틀에 박힌 교육 제도가 사람들이 훌륭한 일을 하도록 자율성을 부여하는 대신 개성부터 말살하는 경우가 너무 많다는 것이다.

: 어설픈 선의는 악의보다 나쁘다 :

자크와 마찬가지로 매코드 역시 자기가 옳다고 생각한 길을 묵묵히 걸었다. 그녀가 추구한 접근법은 전형적인 학자들이 하던 방식과 사뭇 달랐다.

그녀는 언뜻 보기에 유용할 것 같은 청소년 지원 프로그램이 실은 굉장히 해로웠다는 연구 결과를 발표하는 데 어려움을 겪었다. 여태껏 높게 평가된 프로그램에 대한 기존 인식을 바꾸기란 쉽지 않았다. 몇 번이나 논문을 제출했지만 계속 거절당했다.

매코드는 포기하지 않았고 결국에는 논문을 발표했다. 《아메리칸 사이콜로지스트American Psychologist》에 발표한 논문 「30년 동안 추적한 지원 프로그램의 효과Thirty-year Follow-up of Treatment Effects」는 엄청난 논란을 불러왔다. 또한 연구자들이 좋은 의도로 실행하는, 겉보기에 유익해 보이는 지원 프로그램을 좀 더 신중하게 들여다보는 계기가 되었다. 그로부터 얼마 지나지 않아 상당한 예산을 투입했지만 유익한 점보다 해로운 점이 더 많거나 실질적인 장점이 없다는 다른 프로그램들에 대한 보고가 쌓이기 시작했다. 매코드의 발표를 보고 다른 연구자들도 용기를 낸 것이다.

그녀는 케임브리지 서머빌 청소년 연구가 실패한 원인을 설명하기 위해 다양한 가설을 제기했다. 기관이 개입하면서 소년들이 외부 영향력에 지나치게 의존했을 수도 있으며, 혹은 지원을 받는 처지에 익숙해진 나머지 본인 스스로를 도움 없이는 살아갈 수 없는 존재라고 부정적으로 인식했을 가능성도 있다는 것이다.

그녀의 아들 제프리 매코드Geoffrey McCord 역시 어머니와 같은 학술 연구의 길을 걸었다. 현재 그는 노스캐롤라이나대학교 채플힐 캠퍼스의 철학과 석좌교수이자 철학과 정치학, 경제학 과정 책임자다. 그는 내게 "어머니는 소년들이 자신의 생활에 어울리지 않는 중상류층 상담사의 규범과 가치를 받아들이려고 오랫동안 애썼던 것이 결국 지원 프로그램이 실패하게 된 가장 큰 원인이라고 생각했습니다"라고 설명했다.

매코드는 수혜자에게 도움이 되도록 좋은 의도로 기획한 프로그램에 의문을 제기한 선구적인 '인습 타파주의자'다. 대상자를 돕겠다는 목적이 정말로 잘 맞았는지 확인했고, 그 과정에서 프로그램을 계획할 때 성공 여부를 제대로 평가할 담당자나 기관이 거의 없었다는 사실도 발견했다. 실제로 사회 복지 분야에 종사하는 일부 사람들은 선한 의도로 행했다는 사실 그 자체만으로 존중받아야 한다고 생각하는 경향을 보이면서, 프로그램을 평가하려는 이들에게 무례하게 구는 경우가 적지 않다. 프로그램 설계자 역시 효과를 증명하고 확실한 증거를 제공하는 데이터를 제대로 수집하지 않는다.

이후 매코드는 여성 최초로 미국 범죄학회 회장이 됐다. 그녀는 약물 남용 예방 교육Drug Abuse Resistance Education, D.A.R.E 등 여러 유명 프로그램의 실효성에 의문을 제기했다. 또한 사회 복지 프로그램이 설정한 목표를 실제로 달성하고 있는지 좀 더 신중하게 조사하는 과정을 도입했다.

맥아더상 수상자인 앤절라 더크워스는 투지 넘치고 끈질기게 노력하며 포기하지 않는 힘인 그릿Grit을 키우는 방법을 널리 알리고자 노력해왔다. 그녀는 휴스턴대학교 심리학자 로버트 아이젠버거Robert Eisenberger의 연구를 언급하며, 아이들이 쉬운 과제를 해냈을 때 보상을 지나치게 많이 주면 역으로 끝까지 포기하지 않는 힘이 줄어든다는 사실을 밝혔다. 다시 말해 아이들에게 과하게 도움을 줄 경우 오히려 역효과를 낳고 당사자의 의욕을 누르는 결과를 가져올 수 있는 것이다. 더크워스는 아이를 끈기 있는 사람으로 키우려면 엄격하면서도 애정 어린 관계를 맺는 것이 최선이라고 언급했다.

수많은 복지 프로그램과 기관의 연구를 들춰보면 그들이 내세우는 목적과 실제 결과가 굉장히 동떨어져 있다는 사실에 놀라게 된다. 따라서 우리는 학생들이 기존 교육 과정을 통해 큰 도움을 얻고 성공을 거두기도 하지만 때로는 알 수 없는 여러 이유로 기존 교육 과정이 심각한 문제를 일으킬 수 있다는 가능성 또한 받아들여야 한다. 지나친 관심과 애정은 간섭과 통제가 될 수도 있으며 어쩌면 창조적인 사람들의 기상을 억누르는 행위인지도 모른다.

: 자크가 찾아낸 멘토들 :

자크는 중학교를 마칠 무렵, 즉 인생의 아주 이른 단계에서 궁극적인 사회 복지 프로그램인 공교육이 자신에게 맞지 않는다는 점을 인지했다. 결국 그는 기존 학교 교육, 즉 획일적인 조언과 지도 계획보다 여러 기회를 얻을 수 있는 독자적인 길을 선택했다.

물론 '학교 외' 경로가 순탄하기만 했던 것은 아니다. 수학이나 음악, 어학 등을 혼자서 학습하기란 쉽지 않다. 그러나 자크는 아주 잘 해냈다. 그는 음악뿐만 아니라 좋은 멘토 밑에서 받은 모든 훈련이 인생에 아주 큰 도움이 됐다고 말했다. 자크가 처음 만난 멘토는 음악 교수였다. "교수님 밑에서 온갖 허드렛일을 다 했어요. 연구실 청소도 했죠. 대단한 일은 아니에요. 그저 지식을 나눠주신 선생님께 고마운 마음을 전하고 싶었을 뿐이에요."

그가 뉴욕대학교에 들어갔을 때 한번은 경제사학자에게 도움을 받고, 그에게 받은 도움을 갚기로 결심한 적이 있다. 그는 기록 보관소에 가서 수천 장에 달하는 1970년대 뉴욕시 재정 위기에 관한 따분한 정부 문서를 읽고 중요한 자료를 복사해서 전달했다. 자크는 한쪽이 받기만 하는 관계가 아니라 서로 도움이 되는 관계를 맺기 위해 노력한 것이다.

케임브리지 서머빌 청소년 연구는 별다른 성과를 거두지 못했지만 반대로 자크가 멘토들에게 받은 가르침은 커다란 효과를 드러냈다. 그 이유는 무엇일까. 그는 본인이 제도권 교육 밖에 있었기 때문이라고 생각했다. 자크는 상담 프로그램이나 기관에 속한 적이 없었고 훈련받은 상담사의 도움을 받지도 않았다. 그가 맺은 사제 관계는 일상생활에서 자연스럽게 발생한 것이었다. "제가 맺은 사제 관계는 목적이 분명했죠. 그러니까 젊은이에게 '긍정적인 영향'을 주겠다는 막연한 감각에서 비롯된 관계가 아니었습니다. 제가 음악을 배우고 싶어서, 혹은 경제학을 배우고 싶어서 관계를 맺었습니다. 그리고 저도 멘토에게 도움이 되기 위해 노력했어요. 한쪽의 일방적인 도움이 아니라 서로에게 좋은 영향을 주기 위해 노력했다는 점에서 막연하게 '긍정적인 영향'을 미치겠다는 지원 프로그램과는 확실히 다르죠."

또한 이렇게 덧붙였다. "멘토들은 저를 집까지 차로 데려다주거나 인생에 도움이 될 조언을 해주지는 않았습니다. 두 분 모두 '클래식 작품은 이렇게 분석하는 거야. 집에 가서 이 작품을 잘 들어보고 다음 주에 어떻게 분석했는지 알려줘'라거나 '집에 가서 논문을 읽어봐. 다음 주에 같이 논의하자'라고 말씀하셨죠. 선량한 20세기 사회 복지사와 나눈 교류는 아니었죠. 중세 대장장이의 도제식 교육에 더 가깝달까요."

매코드는 연구에서 사회 복지 프로그램이 만병통치약은 아니라는 사실을 밝혔고, 자크는 자기 삶을 통해 기존 교육 제도라는 거대한 사회 복지 프로그램이 누구에게나 정답은 아니라는 사실을 증명했다. 원인은 기존 교육 제도가 망가졌기 때문일 수도, 본인의 개성이 제도에 맞지 않았을 수도, 어쩌면 둘 다일지도 모른다. 어쨌든 본인의 힘으로 이 세상을 헤쳐나가려는 노력은 분명 가치가 있는 행동이며, 보람찬 삶을 만드는 원동력이 될 수 있다는 점을 알 수 있다.

자크가 직접 맺은 사제 관계와 독학을 통해 궁극적으로 얻은 것은 바로 '자신감'이었다. 어려운 상황을 스스로 해결하는 과정을 통해 자신감을 찾을 수 있었다. 그는 본인이 그토록 찾아헤맸던 것은 결국 자신 안에 있는 것이었음을 깨달았다.

학습으로 가는 바람직한 길

자크의 인생 이야기는 누구에게나 꼭 맞는 삶의 공식은 없다는 사실을 일깨워 준다. 그는 학습의 힘을 빌려 탈선의 길에서 빠져나왔다.

자신에게 맞는 바람직한 인생의 경로와 목표를 찾는다면 미로처럼 복잡한 길도 쉽게 빠져나올 수 있다. 지금 당신이 목표하는 바는 무엇인가? 목표에 도달하기 위한 최선의 방법은 무엇인까? 노트에 '학습 목표'라는 제목을 쓰고 이 질문들에 대한 답을 적어보자.

하위 1퍼센트에서
상위 1퍼센트가 되는 법

◆

애덤 쿠Adam Khoo는 열세 살에 사고방식을 재정비하고 효과적이고 새로운 학습 기법을 터득하면서 구제불능의 열등생에서 놀라운 성공을 거둔 사람으로 거듭났다. 지금 그는 사람들이 본인과 같이 성공적인 변화를 이룰 수 있도록 돕는 회사를 운영하고 있다.

애덤 쿠는 아홉 살에 싸움을 했다는 이유로 초등학교에서 퇴학 당했다. 중학교 때도 상황은 좋지 못했다. 수업에 집중하지 못했고 성적은 늘 밑바닥이었다.

간혹 학교 성적이 나빴던 사람들 중에서 사실 본인은 굉장히 똑 똑한데 공교육은 창의성을 억압하기만 한다고 말하는 이들이 있다. 하지만 애덤은 그렇게 말하지 않았다. 그에게 공부는 그냥 너무나 힘겨운 존재였다. 책을 읽는 것은 수업을 듣는 것보다 더 힘들었고 책을 펴면 졸리기만 했다.

10대 시절 부모가 이혼하면서 상황은 더 나빠졌다. 하루아침에 의붓 누나 바네사가 생겼는데 심지어 그녀는 학교 우등생이었다. 바네사가 싱가포르 최고 명문 학교에 다닐 때 애덤은 최하위 수준의 학교에 다녔다. 날이면 날마다 애덤은 "너는 왜 바네사처럼 하지 못 하니? 왜 바네사처럼 전 과목에서 A 학점을 받지 못하는 거니?"라는 지적을 들어야만 했다.

지금 애덤의 모습이 어떨 거라고 생각하는가? 싱가포르 시내에 있는 사무실에서 내가 애덤을 만났을 때 그는 41세였다. 그리고 동남아시아 최대 교육 훈련 기업 중 하나인 애덤 쿠 러닝 테크놀로지 그룹Adam Khoo Learning Technologies Group의 창업자 겸 회장이며 억만장자 다. 그는 업계 거물이라는 평판까지 받고 있다. 동시에 어린 시절에 겪었던 어려움과 인생의 경로가 바뀐 사건에 대한 깨달음을 나눔으 로써 다른 사람들에게 긍정적인 영향을 주고 싶어 하는 올바른 사람 이다.

∶ 싱가포르의 교육열에 대하여 ∶

먼저 애덤이 태어나고 자란 싱가포르에 대해 알아볼 필요가 있 다. 여러 아시아 국가들과 같이 싱가포르처럼 인구 밀도가 높은 곳 에서는 무슨 일을 하든 자기와 똑같은 목표를 가진 수십만, 때로는 수백만 명의 사람과 경쟁해야 한다.

세계 다른 지역과 마찬가지로 아시아에서도 대개 사회적 지위가 높은 직업, 높은 연봉 등과 같은 물질적 요소를 기준으로 성공 여부 를 평가한다. 부모는 자녀에게 의사나 법률가가 되라고 강요한다. 하지만 누구나 그런 직업에 맞는 적성을 지니지도 않았을뿐더러 세 상에 의사와 법률가만 필요한 것도 아니다.

또한 장기적인 관점에서 성공하려면 특히 수학과 과학 성적이 중요한데, 부모는 자녀가 명문대에 진학해서 출세할 수 있도록 수학 공부를 열심히 하라고 재촉한다. 싱가포르는 이런 면학 분위기를 바꾸고자 노력했다. 예를 들면 예술가와 운동선수도 엔지니어만큼 가치 있는 직업이라는 인식을 심기 위해서 애쓰고 있으나 오래된 사고방식은 좀처럼 쉽게 변하지 않는다.

학교에서의 경쟁 또한 굉장히 치열하다. 표준화된 시험은 수십만 명의 학생을 똑같은 출발선에 세우고 허공에 권총을 쏜 다음 결승선을 10억 분의 1초 차이로 빨리 통과한 소수에게 메달을 수여하는 경기나 다름없다. 이런 이유로 학생들은 점점 더 어린 나이에 공부를 시작한다. 예전에는 케임브리지 A 레벨 시험(어떤 대학교에 들어갈 수 있는지 예측할 수 있는 중요한 시험)에서 A를 4개 받으면 최우수 등급에 속했다. 지금은 최우수 등급에 들어가려면 A를 7개 이상 받아야 한다.

싱가포르는 학생들에게 미치는 공부에 대한 중압감을 줄이고 좀더 열린 사고를 이끌어낼 수 있도록 시험 자체를 바꾸려고 노력하고 있지만 제도는 여전히 엄격하다. 싱가포르만큼 절실한 변화의 필요성을 느끼지 못한 다른 아시아 국가의 경우는 한층 더 혹독하다. 얼마 되지 않는 일류 대학을 놓고 학생 수백만 명이 경쟁한다. 낮은 점수를 받은 학생들은 인기 없는 지방대학교, 전문대학, 직업훈련학교로 밀려난다. 고등학교를 끝으로 아예 진학을 하지 못하는 경우도 더러 있다.

이 나라에서 성적이 우수한 학생은 저학년일 때 월반하는 경우도 종종 있다. 이는 학생이 자신에게 더 잘 맞는 속도로 학습할 수 있도록 도와주므로 타당한 제도라 할 수 있다. 그러나 마냥 긍정적으로 생각할 수만은 없다. 체면을 중시하는 아시아 문화에서는 자녀가 어떻게 분류되는지가 '중요'해서 이는 결국 학생이 짊어질 부담감만 더 키우는 꼴일 수도 있다. 시험 성적이 나쁘면 본인이 실패한 데서 그치지 않고 가족까지 저버리는 셈이 되기 때문이다.

문제는 그뿐만이 아니다. 성적이 낮은 집단에 속하게 되면 산만하고 학습 의욕이 없는 학생들과 지내게 된다. 공부에 집중하기 어려운 분위기에 속하게 되며 본인이 열등생이라는 느낌도 자존감도 떨어진다. 게다가 우수한 교사들에게 배울 기회도 잃게 된다. 결국 '나는 절대 공부를 잘할 수 없을 거야'라는 패배적인 생각만 되풀이하게 되는 것이다.

일단 학업에 뒤처지면 이런 추세를 바꾸기란 불가능하게 느껴지고 주변 모든 상황이 점점 더 나쁜 쪽으로만 흘러가는 것처럼 보인다. 하지만 조금 뒤처지는 케이스라고 해서 무조건 비관하지 마라. 그 상황도 분명 뒤집을 수 있다.

: 애덤의 인생 재부팅 :

애덤의 부모는 맞벌이 부부였다. 어린 애덤이 학교에서 돌아와도 그를 확인하는 사람이 아무도 없었다. 물론 그는 이런 상황에 어떤 불만도 없었다(싱가포르는 맞벌이 부부가 많은 나라다). 당시 그의 관심사는 오로지 컴퓨터 게임뿐이었다. 학비와 개인 과외에 엄청난 돈을 투자했던 부모는 그런 자녀가 답답하기만 했다.

애덤은 가정교사들을 따돌리고 무시하기 일쑤였고 그러다 보니 선생들은 계속해서 그만뒀다. 그는 학교에서 낙제점을 받아도 신경 쓰지 않았다. 컴퓨터 게임, 만화책, 텔레비전 외에 관심을 갖는 일이 라고는 친구들과 어울려 다니면서 싸움질을 하는 것뿐이었다. 그는 항상 누군가의 관심을 받고 싶었다. 좋은 일로 관심을 받을 수 없다 면 말싸움을 하거나 다른 문제아 집단과 어울려서라도 기꺼이 눈길 을 끌려고 애썼다.

기업인이었던 아버지는 자식을 사랑했지만 아들을 올바른 길로 이끄는 방법은 잘 몰랐다. 어머니는 싱가포르에서 아주 유명한 저 널리스트로 크게 성공한 전문직 여성이었다. 그녀도 애덤을 사랑했 지만 다른 의미로 도움이 되지 않았다. 그가 수학 문제를 풀지 못하 고 있을 때면 그녀는 고개를 저으며 "넌 날 닮았어"라고 말했다.

애덤은 이렇게 고백했다, "저는 제가 스스로 게으르고 멍청하다 고 생각했어요." 그는 남들보다 배우는 속도가 느리다 보니 공부를 싫어하게 된 것이다.

하지만 그는 어떤 일을 계기로 자신의 두뇌를 재정비했다. 그가 달라지기 시작한 것은 아시아 최초의 동기 부여 프로그램인 슈퍼 틴 캠프Super-Teen Camp에 참여하면서부터였다. 요즘은 청소년을 대상으 로 한 동기 부여 캠프 프로그램이 별다른 변화를 유발하지 못한다는 생각이 주류지만, 1987년 당시 열세 살이었던 애덤은 이런 프로그 램에 참여하고 완전히 바뀌었다. "그곳에서 '잠재력 운동'을 알게 됐어요. 이는 누구나 재능을 갖고 있으며, 인생에는 실패란 없고 경험만 있을 뿐이라는 내용의 사상입니다. 또한 본인의 인생을 뒤바꾼 사람들의 사례를 통해 자신감을 얻었습니다. 저는 원래 주의력이 산만한 편인데, 그곳에서 집중력과 기억력을 높이는 법도 배웠죠."

원래 애덤은 몽상하는 것과 그림 그리기, 음악 감상을 좋아하는 창조성이 넘치는 타입이었다. 책이나 교과서를 읽는 것은 지루했다. 하지만 캠프에서 '마인드 매핑Mind Mapping'을 배운 뒤로 그의 학습 태도가 크게 달라졌다. 교과서 내용의 요점을 좋아하는 만화로 그려서 재구성하자 학교 공부가 재밌어지기 시작했다.

또한 캠프에서 학습 수단뿐만 아니라 꿈을 크게 가지는 법도 배웠다. 강사는 애덤에게 "너는 평범한 사람이 되고 싶니, 특출한 사람이 되고 싶니?"라고 물었다. 특출한 사람이 되고 싶다고 답하자 강사는 이렇게 말했다. "그렇다면 현재 능력으로 달성할 수 없는 엄청난 목표를 세워야 해. 자기 능력을 최대한 발휘하도록 자극할 목표가 필요하지."

애덤은 이 말에 수긍했다. 그는 정말이지 높은 목표를 세웠다. 열세 살이던 그 해 애덤은 싱가포르 명문 주니어칼리지(싱가포르의 예비 대학 과정 기관의 하나 -옮긴이)인 빅토리아 주니어칼리지에 들어가겠다는 목표를 세웠다. 원래 애덤이 다니던 중학교는 명문 학교도 아니었고, 학교 졸업생 중에 빅토리아 주니어칼리지에 간 사람이 단 한명도 없었다. 많은 교사가 애덤의 목표는 비현실적이라고 지적했다.

당시 애덤은 주변 사람들의 조롱 섞인 반응이 견디기 힘들었다고 털어놓았다. 그의 목표를 들은 사람들은 비난조로 "너 미쳤구나. 절대 불가능해"라고 말했다. 아버지 역시 그건 불가능한 꿈이라고 지적했다. 하지만 애덤은 타고난 청개구리 타입으로, 불가능하다고 말하는 사람이 늘어날수록 그의 의지는 더 확고해졌다.

그는 나중에 자기 회사를 차리겠다는 꿈도 꿨다. 애덤은 상상으로 꿈을 그려나갔다. 중학생 때 미래에 회장이 된 자신의 명함을 미리 그려보기도 했다. 그는 '실제로 대단한 사람'이 될 수 있다는 꿈을 포기하지 않았고 계속 의욕을 유지했다. '주니어칼리지, 내가 간다! 싱가포르 국립대학교, 내가 간다!'라고 쓴 종이를 벽에 붙이기도 했다.

공부 의욕, 자신감, 원대한 꿈이 기폭제가 된 것이었을까. 그때부터 애덤은 반에서 1등을 차지하기 시작했다. 지리 교사는 한때 불량소년이었던 이 학생에게 무슨 일이 일어나고 있는지 이해할 수 없었지만 이는 너무나 바람직한 변화였다. 교사는 얼마 전의 꼴등 소년에게 이렇게 요청했다. "친구들에게 너의 학습 비법을 알려주지 않을래?"

애덤은 목표 설정법, 시간 관리법, 동기 수준 유지법을 글로 써서 인쇄한 다음 친구들에게 나눠주었다. 급우들은 애덤을 우러러보았다. 그는 뛰어난 소년이라는 새로운 정체성을 얻었고, 동시에 새로운 꿈도 생겼다. 머지않은 미래에 다른 사람들에게 의욕을 불어넣는 일을 하고 싶다는 생각을 하게 된 것이다.

그래도 애덤의 학습 속도는 느린 편이었다. 문제점을 자각한 그는 수업 내용에 뒤처지는 상황을 해결하고자 교사들에게 다음 날 배울 내용을 미리 묻기 시작했다. 그는 예습 내용도 마인드 매핑으로 그렸다. 그렇게 하면 수업 내용을 두 번 반복해서 듣는 셈이 됐고 덕분에 더 잘 이해할 수 있었다. 수업 시간에 질문도 많이 했으며 그 내용 역시 마인드 매핑에 추가했다.

애덤의 학습에 가속도가 붙기 시작했다. 특히 수학을 잘하지 못했기 때문에 그 과목에 집중했다. 더 나아가, 수학이 너무 어려웠기 때문에 아예 주니어칼리지에 가서 전공으로 선택하기까지 했다.

그의 발목을 잡은 것은 수학만이 아니었다. 표준 중국어도 어려웠다. 당시에는 표준 중국어를 공부하지 않으면 사실상 진학이 불가능했다. 애덤은 평생을 공부해도 이해하지 못할 것 같은 언어의 발음과 문법을 공부하느라 본인이 가진 시간의 절반을 투자했다. 몇 개월 동안 중요한 시험에 낙제하고 또 낙제하다가 마침내 D 학점을 받았다. 그가 이때를 떠올리며 말했다. "갑자기 희망의 빛이 한 줄기 비쳤죠. 계속 공부해서 시험을 다시 보고 C 학점을 받았어요. 마침내 주니어칼리지에 갈 수 있었죠."

애덤은 공부에 열중하는 와중에 시간을 효율적으로 이용하는 요령을 익혀서 무려 DJ 일과 마술까지 배우곤 했다. 버스를 타는 시간, 수업 중 쉬는 시간, 화장실에 앉아 있는 시간 등 다른 사람들이 쉽게 낭비하는 자투리 시간을 활용한 것이다.

그는 어디에 가든 책을 가지고 다니면서 틈이 날 때마다 공부했다. 쉬는 시간에 교사가 오기를 기다리며 전 수업에서 배운 내용을 공책에 정리하곤 했다. "당시 저는 우등생이 되는 데 집착한 나머지 가족 휴가를 가서도 공부만 했어요. 아버지가 가던 길을 멈추고 물건을 사러 가게에 들어가면 앉을 자리를 찾아서 마인드 매핑을 그렸죠. 심지어 그때 여자친구도 있었어요."

애덤이 발전적인 사고방식과 학습법을 익히고 시간을 효율적으로 사용하는 방법을 발견하자 상황이 긍정적으로 풀리기 시작했다. 하지만 좋은 일만 생긴 것은 아니었다. "중학교 때 한번은 수학 교사가 어머니를 부른 적이 있어요. 제 수학 실력이 너무나 형편없어서 중학교를 다닐 수준이 아니라고 지적했죠."

중학교에서는 반드시 A를 받겠다고 의욕에 불탔던 애덤은 초등학교 교과서를 다시 꺼내 들었다. 기본 개념을 제대로 배우기 위해 모든 문제를 낱낱이 풀어보기 시작했다. 하지만 기적은 일어나지 않았다. 의붓 누나는 수학 교과서 새 단원을 읽기만 해도 금방 이해하는 반면, 애덤은 도대체 무슨 말인지 알 수 없어서 이해가 될 때까지 읽고 또 읽어야만 했다.

하다못해 내용을 이해해도 막상 문제에 적용하기란 쉽지 않았다. 실제 시험을 칠 때면 공부한 내용이 기억이 나지 않거나 부주의하게 실수하는 일도 잦다는 사실을 깨달았다. "그래서 문제 푸는 법을 알게 돼도 답을 가리고 다시 풀곤 했어요." 애덤은 지식이 거의 잠재의식 속에 들어올 정도로, 물 흐르듯이 문제를 풀 수 있을 때까지 풀이를 계속 연습했다.

: 무의식적인 학습 습관의 힘 :

지식이 잠재의식 수준이 될 때까지 반복하는 애덤의 접근법은 실제로 탄탄한 신경과학적 근거가 있는 방법이다.

심리학자 아자엘 스클라Asael Sklar 연구팀이 《미국 국립과학원회보》에 발표한 「의식하지 않고 숫자를 읽으며 계산하기」라는 논문은 제법 노력이 필요한 수준의 다단계 연산 문제를 무의식적으로 풀 수 있다는 사실을 밝혀 많은 사람을 놀라게 했다.

이는 일종의 플래시 암산 학습을 말하는데, 아이들이 머릿속 주판으로 덧셈을 빠르게 할 수 있도록 가르치는 기법이다. 여기에서 말하는 '빠르게'란 '놀랍도록 빠른' 속도를 말한다. 예를 들면 이와 같다. 화면에 세 자릿수나 심지어 네 자릿수 숫자를 잠시 띄운다. 3492라는 숫자가 떴다가 금방 9647으로 바뀌고, 또 1785라는 큰 숫자가 계속 나타나는 와중에 아이들이 화면을 보면서 암산으로 덧셈을 한다. 처음에 아이들은 자기 앞에 실제 주판이 있는 것처럼 책상 위에서 손가락을 튕기며 계산을 한다. 시간이 지나면 머리 회전이 더 빨라지면서 아예 손가락을 움직이지 않고 계산하는 경지에 이른다.

플래시 암산 기법을 해본 적 없는 사람의 입장에서 보면 이는 완전히 불가능한 일이다. 2초도 안 되는 시간 동안 화면에 깜빡이는 세 자릿수 숫자를 보고 이를 더하는 것이 정말 가능하단 말인가? 하지만 연습만 하면 분명히 누구나 할 수 있다. 그리고 이 계산법을 익히면 커다란 장점을 누릴 수 있다. 머릿속 계산법을 반복하면 덧셈을 관장하는 뇌의 시각 피질과 운동 피질을 함께 사용할 수 있기 때문이다. 머릿속 주판을 사용하는 아이는 능수능란하게 암산을 할 수 있어서 심지어 끝말잇기를 하면서 동시에 암산을 하는 경지에 이른다. 이는 단순히 종이와 연필로 계산하는 것과 완전히 다른 사고 과정이다.

이와 유사하게 반복의 힘을 나타내는 절차 숙련Procedural Fluency이란 말이 있다. 어떤 일을 많이 경험해서 나중에는 그 과정을 자동적으로 행할 수 있는 상태를 말한다. 이런 사례로는 무심하게 차를 후진한다거나(처음 시도할 때는 그리 쉽지 않다!), 한쪽 발끝으로 회전하는 발레의 피루엣 동작을 하고, 발음하기 어려운 문장을 실수하지 않고 유창하게 반복하며, 어려운 피아노 협주곡을 아무 고민 없이 바로 연주하는 모습 등을 들 수 있다. 숫자 두 개를 쉽게 곱하거나, 미적분에서 도함수를 이끌어내는 능력도 이에 해당된다.

결국 꾸준한 연습, 즉 일종의 '청크'가 절차 숙련을 뒷받침하는 조건이 된다. 이렇게 청크로 미리 형성해놓은 신경망 덕분에 까다로운 작업도 쉽게 할 수 있는 것이다. 신경 속 청크는 컴퓨터의 서브루틴Subroutine(어떤 프로그램을 실행할 때 반복적으로 사용되도록 만들어진 일련의 코드)과 비슷한 역할을 한다. 필요할 때 불러낼 수 있지만 그것이 무슨 작용을 하는지는 딱히 신경 쓰지 않아도 된다.

심리학자 안데르스 에릭슨Anders Ericsson은 수십 년 동안 전문 지식을 개발하는 과정을 연구했다. 그는 새로운 기술을 배우려고 할 때나 이미 잘 아는 직무를 좀 더 잘하고 싶을 때는 '의도적 연습'이 중요하다는 사실을 발견했다. 의도적 연습이란 가장 익히기 어려운 부분을 집중해서 훈련하는 것을 의미한다.

신발 끈을 묶는 것처럼 간단한 과제를 예로 들어보자. 난생처음으로 신발 끈 묶는 법을 배울 때는 모든 작업 기억을 동원해서 집중력을 발휘해야 한다. 하지만 시간이 흐르면 이 일은 너무나 쉽고 자연스러운 것이 된다. 농담이나 대화를 하면서도 할 수 있다. '신발 끈을 묶는다'라고 생각하기만 해도 뇌의 잠재의식 부분이 신발 끈을 묶는 일을 맡고 작업 기억은 말을 하는 데 집중한다. 이렇게 연습해서 만든 청크 덕분에 우리의 생활이 훨씬 편해진다. 수다를 떨면서 무늬가 복잡한 스웨터를 술술 만드는 손뜨개 장인을 떠올려보라. 청크 형태로 저장된 전문 지식이 얼마나 큰 이점을 발휘하는지 금세 깨닫게 될 것이다.

1980년대 후반에 처음 등장했다가 최근 점점 더 큰 지지를 얻고 있는 인지 부하 이론Cognitive Load Theory 또한 살펴보자. 작업 기억에 과부하가 발생하면 뇌가 그 정보를 처리할 수 없다고 상정한다. 특정 분야에서 전문 지식을 익힌 사람의 뇌를 촬영해 작업 기억과 관련 있는 뇌 영역에서 흥분이 가라앉고 활동이 줄어드는 모습을 볼 수 있었다. 요컨대 청킹, 즉 연습과 절차 숙련으로 견고하게 잘 연결된 신경 패턴이 사고 과정을 작업 기억 영역(주로 전전두엽 피질)에서 뇌의 다른 영역으로 떠넘기는 듯하다. 덕분에 작업 기억의 부하가 줄어들어 새로운 생각과 개념을 처리할 여유가 생긴다.

즉, 절차 숙련을 통해 신경 청크를 구축하면 작업 기억 용량이 비교적 적은 사람에게 특히 유용하다. 청킹으로 잠재의식 수준의 자동 과정에 떠맡길 수 있는 과제가 늘어날수록 문제를 해결하거나 농담을 이야기하는 데 필요한 작업 기억을 훨씬 더 많이 확보할 수 있다.

: 운도 가만히 있으면 오지 않는다 :

빅토리아 주니어칼리지에서 보낸 준비 기간이 끝나가던 무렵, 열여덟 살의 애덤은 대학 진학 가능성을 결정하는 A 레벨 시험을 쳐야 했다. 그는 이전부터 목표로 한 싱가포르 국립대학교에 가고 싶었다. 다만 표준 중국어에서 또다시 낙제점을 받았다. 하지만 다행히도 다른 모든 과목에서 대단히 높은 점수를 받은 덕분에 특별히 가입학 허가를 받을 수 있었다. 그의 가족은 깜짝 놀랐고 애덤은 마냥 행복했다.

입학 후 다시 힘겨운 학업이 시작됐다. 하지만 애덤은 지금까지 배우고 익힌 기법을 활용해서 우수한 성적으로 경영학 학위를 따고 졸업했다. 10여 년 전의 낙제생과는 완전히 다른 모습이었다.

이쯤 되면 한 가지 의심이 들 것이다. 애덤이 운이 좋은 편은 아닐까? 나 역시 애덤의 성공에 운이 얼마나 큰 역할을 했는지 궁금했다. 그는 내게 세상에는 두 가지 종류의 행운이 있다고 설명했다. 하나는 싱가포르에서 '멍청한 행운'이라고 부르는 횡재고, 다른 하나는 본인이 만들어낸 행운이라는 것이다. 그의 생각은 어쩌면 아시아에 널리 퍼져 있는 점성술에서 기인한 것인지도 모른다. 예컨대누군가는 행운의 기운을 타고난 반면 어떤 사람들은 그런 운을 타고나지 못했다는 믿음이다.

그는 "예전에 우리 회사에 행운을 타고난 것 같은 직원이 있었어요. 그는 복권에 두 번이나 당첨됐고 차도 두 대나 구입했죠. 그건 그렇고, 저도 어릴 때 재미로 점을 보러 간 적이 있어요. 점쟁이는 별자리를 보더니 '넌 운이 없어'라고 말했죠. 그게 어떠한 예언이됐을지 몰라도, 전 평생 포커나 블랙잭처럼 운이 좌우하는 게임에서이겨본 적이 없어요. 이유를 모르겠지만 항상 져요. 제겐 그런 운이따르지 않아요. 하지만 운이 필요하지는 않아요."

대신 애덤은 "행운이란 준비가 기회를 만났을 때 일어나는 일"이라는 로마 철학자 세네카seneca의 말을 인용했다. 그는 운이 좋으려면 세 가지가 필요하다고 대답했다.

> "첫째, 기회가 있어야 해요. 기회는 결코 기회처럼 찾아오지 않아요. 언제나 문제의 탈을 쓰고 오죠. 우리 모두가 매일 마주치는 문제를 기회로 바꾸려면 특별한 사고방식이 필요합니다. 진정으로 운 좋은 사람들이란 문제를 기회로 볼 줄 아는 눈을 가진 이들이죠.
> 두 번째는 준비예요. 기회가 와도 적절한 기술과 지식으로 무장

하고 있지 않다면 기회를 이용할 수 없을 겁니다. 보이스카우트가 '항상 대비하라'라고 말하는 이유가 바로 여기에 있죠. 기회가 왔을 때 붙잡을 수 있도록 계속해서 기술을 배우고 수준을 높여야 해요.

마지막으로 세 번째는 행동입니다. 행동하지 않고 생각만 한다면 마비에 빠지게 될 겁니다. 일단 뛰어들지 않으면 절대 행운도 따르지 않아요."

애덤은 병역의 의무를 마친 직후 대학교에서 사귄 머리 회전이 비상한 친구 패트릭 체오Patrick Cheo와 팀을 이뤄서 모바일 DJ 사업을 시작했다. 패트릭이 업무 팀장을, 애덤이 DJ와 마술사 역할을 맡았다. 애덤은 사업과 동시에 사회 환원에도 관심을 가졌다. 그러던 어느 날 그는 모교인 빅토리아 주니어칼리지에 가게 됐고 교장에게 열등생이었던 자신이 어떻게 성공할 수 있었는지 설명했다. 또한 후배들에게 자신의 공부법을 전수하고 싶다고 말했다.

교장은 이에 동의했고 애덤은 학생들 앞에 서서 공부법을 알려주었다. "처음에는 돈을 받지 않았습니다. 그저 일이 좋아서 재미 삼아 했죠. 그러다 보니 제가 강사 일을 좋아할 뿐만 아니라 직업으로 삼을 수도 있겠다는 생각이 들었어요. 그렇게 해서 1일, 2일, 3일 등으로 나눈 구체적인 훈련 프로그램을 내놓기 시작했죠."

이 무렵 애덤은 '나 같은 열등생이 할 수 있다면 당신도 할 수 있다'라는 희망을 사람들에게 전하고 싶었다. 그리고 행동에 나섰다다. 마침내 그는 『나는 재능이 있고, 당신도 마찬가지예요I Am Gifted, So Are You』라는 책까지 출간했다. 애덤은 그 책이 모든 것의 시작이었다고 말했다.

원고를 쓸 때 사람들은 그가 책을 쓸 자격이 있는지 의문을 가졌다. 그러나 애덤은 묵묵히 움직였다. 400쪽에 달하는 원고를 썼고 열 곳이 넘는 출판사를 방문했지만 돌아오는 답은 거절뿐이었다. 그래도 그는 포기하지 않았다.

어느 날 애덤은 옥스퍼드대학교 출판부 싱가포르 사무실에서 걸려온 전화를 받았다. 직접 만나고 싶으니 출판사로 와달라는 용건이었다. 전화를 건 편집자는 애덤의 원고가 재밌다고 평가하면서 가능성이 있다고 말했지만 그의 영어 실력만큼은 '상업성이 없다'라고 평했다. 문장력이 형편없다는 뜻이었다. 그래도 편집자는 애덤이 문장을 고쳐 쓴다면 출판을 고려하겠다고 말했고, 그는 그렇게 했다. 애덤은 책을 200쪽 정도의 분량으로 줄이면서 계속 수정했다. 곁에서 어머니가 작업을 도와주기도 했다.

책은 애덤이 대학교 2학년일 때 나왔는데, 출간 후 서점에서 찾아볼 수는 없었다. 회사의 마케팅 예산이 부족했기 때문이다. 출판사는 무명의 신인 저자가 쓴 책에 많은 투자를 할 수 없었다.

"그때 제가 절망했을 거 같나요? 아뇨. 저는 '좋아, 그럼 내가 하겠어'라고 생각했어요." 그는 싱가포르에 있는 학교와 서점을 자발적으로 방문하면서 강연을 했다. 6개월 동안 그렇게 하다 보니 책은 싱가포르 베스트셀러가 됐다. 이후로도 몇 년 동안 베스트셀러 자리를 지켰다. 더불어 연이은 강연으로 애덤은 언변까지 늘었다.

: 나쁜 특질을 최고의 특질로 바꿔라 :

애덤의 인상적인 면 중 하나는, 그는 자신을 절대 천재로 포장하지 않는다는 점이다. 그에게 '정말로' 특별한 점이 있다면 과거의 자신과 비슷한 고민을 하는 사람들에게 아무 대가 없이 기꺼이 도움을 주려는 선한 태도일 것이다.

동남아시아의 여러 나라에서 애덤과 나는 함께 강연을 한 적이 있다. 자카르타에서 약 2000명의 관중을 대상으로 한 강연을 앞두고 대기하는 동안 나는 초조한 마음으로 애덤에게 무대 공포증을 경험해본 적이 있냐고 물었다. 그는 예전에는 그랬지만 지금은 청중과 그들의 요구에 집중하다 보니 머릿속에서 아예 자기 자신이 사라지고 무대 공포증도 극복하게 됐다며 온화하게 대답했다.

게다가 애덤은 솔직하게 '자신은 절대 똑똑하지 않다'고 털어놨다. 아무런 거리낌 없이 사람들에게 그 사실도 이야기한다고 말이다. 청중들은 대개 그냥 말뿐이라고 생각하지만 그는 정말 그렇게 생각한다고 했다. "저는 무엇이든 단순화해야만 이해할 수 있어요. 그래서 남들보다 두 배, 세 배로 노력해야 하죠. 하지만 이 점은 긍정적으로도 작용했어요. 저는 뭐든 단순화해야 하다 보니 글도 쉽게 쓰는 편이에요. 제 책이 잘 팔린 건 누구나 이해할 수 있게 쉽게 썼기 때문일 거예요."

자신의 단점도 가감 없이 고백했다. "전 고집불통이에요. 동시에 우유부단하죠. 아내와 패트릭은 항상 제가 타인의 말에 속는다고 해요. 그래서 협상할 일이 있으면 두 사람은 저를 끼워주지 않아요. 그리고 패트릭은 나랑 정반대예요. 그는 숫자에 밝고, 저는 창조력이 좋은 편이죠. 패트릭이 아주 세부적인 사항까지 다 챙기는 사람이라면 저는 큰 그림을 그리는 몽상가 유형이에요. 패트릭은 '애덤, 꿈 깨'라는 말을 입에 달고 살지만 우리 둘은 서로 아주 잘 맞아요."

그는 자신의 또 다른 단점으로 강박 장애를 꼽았다. 무슨 일을 하든 간에 계속 걱정한다는 것이다. 걱정을 달고 사는 자신이 때론 싫기도 하지만 한편으론 도움이 될 때도 많다고 했다. 오히려 걱정이 줄어들면 지금처럼 예리할 수 없을까봐 두렵다고 했다. 그는 발생할 수 있는 최악의 사태를 상정하고 충분히 준비를 갖췄다는 자신감이 들 때까지 강박적으로 준비한다. 동시에 강박에서 빠져나오기 위해 그는 태도를 바꾸는 법도 익혔다. 집착해야 할 때와 빠져나와야 할 때를 구별하는 법을 배운 것이다.

요즘 그는 학생들에게 다음과 같이 말한다. 꾸준한 학습 태도는 '목욕'과 같아서 저절로 오래 유지되지는 않는다고 말이다. "한 번 씻는다고 해서 평생 깨끗한 몸을 유지할 수는 없어요. 목욕을 아무리 오랫동안 해도 시간이 지나면 몸이 더러워지고 냄새가 나서 다시 씻어야 하죠. 마찬가지로 내가 아무리 의욕이 넘쳐도 세상은 부정적일 수 있어요. 만사가 내 마음대로 돌아가지는 않으니까요. 비판을

받으면 의욕도 꺾이죠. 그러니 매일 몸을 씻듯이 매일 의욕을 충전
해야 합니다." 애덤은 어린이를 대상으로 한 강연에 가서도 엄한 애
정을 담아 말한다. "저는 여러분을 씻겨주려고 이 자리에 서 있는 것
이 아닙니다. 비누와 솔을 주려고 이 자리에 왔죠. 이제 여러분은 스
스로 목욕하는 법을 배울 거예요."

ː 관점의 재구성 ː

애덤이 가르치는 것 중 가장 효과적인 비법 중 하나가 '재구성'이
다. 문제를 기회로 보고 부채를 자산으로 바꾸는 연습을 하는 것이
다. 그는 스티브 잡스가 애플에서 해고당했을 때 그 사건을 바라본
재구성 방식을 무척 좋아하는데, 그때 잡스는 "애플에서 해고당한
것은 내 인생에서 일어난 최고의 사건이었습니다. 성공했다는 중압
감이 초심자로 돌아간다는 홀가분함으로 바뀌었으니까요"라는 말
을 남겼다.

그리고 애덤은 어떤 일이 일어나는 데는 언제나 그럴 만한 이유
가 있다고 믿는다. 이렇게 생각하면 역경을 헤쳐나갈 의욕을 유지
할 수 있다고 말이다. 예를 들어 출판사가 애덤의 원고를 계속 거절
했을 때 그는 "이렇게 거절당하는 것을 보면 좀 더 설득력을 갖춰서
고쳐 써야 할 모양이야. 그러면 내 원고가 베스트셀러가 될 날이 오
겠지"라고 생각하곤 했다. 마찬가지로 학력 수준이 낮은 학교에 가

게 됐을 때도 그는 이 학교에서라면 더 쉽게 상위권에 오를 수 있으니 잘된 일이라고 되뇌었다. 즉, 애덤은 건설적인 몽상 타입이다. 그는 머릿속으로 긍정적인 목표를 계속 떠올렸고 목표가 현실이 되도록 움직였다. 이때 하고 싶은 일뿐만 아니라 '하고 싶은 이유'도 매일 떠올리는 것이 효과적이라고 한다. 요즘 그는 더 많은 사람들을 도울 수 있도록 더 성공하고 싶다고 매일 상기한다.

물론 아무리 노력해도 안 되는 일도 있다. 그러다 보면 좌절하기도 하지만 애덤은 쉽게 무너지지 않는다. 좌절감이 들 때면 스스로의 동기 수준을 유지하고자 유튜브에서 힘든 도전을 극복한 사람들의 영상을 보고 전기도 즐겨 읽는다. "그들에 비하면 내 문제는 사소하게 느껴질 때가 많거든요." 역경을 긍정적인 방식으로 재구성하는 노력은 분명 애덤의 가장 큰 능력 중 하나임이 틀림없다.

사실 그의 사고와 학습법에는 탄탄한 신경과학적 근거가 깔려 있다. 최근 한 연구에서 정서의 인지적 재평가, 바로 '인지 재구성'을 분석했는데, 사람이 부정적인 사건을 긍정적으로 바꾸어 생각하면 투쟁-도피 반응이 일어나는 뇌의 중추인 편도체에서 비롯되는 부정적 정서가 소멸된다는 사실을 발견했다. 예를 들어 누군가가 피 흘리는 무서운 장면을 보면서 "그냥 영화일 뿐이야. 게다가 저건 케첩이야"라고 생각하면서 인지를 재구성할 수 있다. 게다가 무시무시한 질병에서 비롯되는 부정적 정서 또한 치료 방법에 집중함으로써 긍정적 정서로 재구성할 수 있다는 것이다. 실제로 재구성은 대단히 효과적인 접근 방법으로, 우울증과 불안 장애를 비롯한 여러 심리 질환을 치료하는 데 인지 행동 치료로 사용되기도 한다.

물론 경우에 따라서 인지 재구성을 전혀 실행할 수 없다고 생각하는 사람도 있을 것이다. 만약 실제로 가까운 사람이 불치병에 걸렸고 회복될 가능성이 전혀 없는 상황이라면 어떨까? 그런 경우라면 여생의 절대적인 '양'보다 '질'에 초점을 맞춤으로써 다른 재구성 방법을 강구해야 한다(실제로 호스피스에서 일하는 사람들은 이런 재구성에 능하다). 겪고 있는 상황의 의미를 '의식적으로라도' 바꾸면 극도로 예민한 편도체가 스트레스 관련 물질이 방출되는 양을 줄인다고 한다. 이는 정신을 교묘하게 속이는 기술처럼 보일 수도 있지만 분명 효과가 있다.

: 휴식 시간이 중요한 이유 :

앞에서 알리 나크비가 지적했듯이 뇌에는 서로 다른 두 가지 작동 모드인 '집중 모드'와 '확산 모드'가 있다.

연구에 따르면 우리가 어떤 대상에 주의를 돌리는 즉시 뇌에서 집중 모드가 작동하기 시작한다. 반면에 확산 모드는 샤워를 할 때나, 버스에 타서 창밖을 볼 때, 혹은 달릴 때처럼 특별한 생각을 하고 있지 않을 때 나타난다. 두 가지 모드는 보통 동시에 나타날 수 없다. 뇌는 둘 중 어느 한 가지 모드에만 에너지를 쏟기 때문이다.

위의 그림의 왼쪽 풍선은 집중 모드인 뇌를 나타낸다. 에너지 대부분을 열심히 집중하는 데 쏟아붓는 것이다. 반대로 오른쪽 풍선은 확산 모드인 뇌를 나타낸다.

확산 모드는 사실상 신경 휴식 상태를 말한다. 이는 우리가 어떤 일에 집중하고 있지 않을 때 정신 상태가 빠져드는 폭넓은 양상을

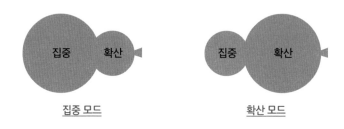

집중 모드   확산 모드

포괄하는 용어다. 놀랍게도 창조적인 아이디어는 이런 확산 상태에서 생겨난다고 한다. 몽상할 때 우리는 몇 분 혹은 몇 시간 동안이라도 확산 모드에 빠져들 수 있는데, 신기하게도 확산 모드는 순간적으로 나타날 수도 있고 혹은 눈만 깜빡여도 활성화될 수도 있다고 한다. 똑똑한 무술 전문가는 상대방이 눈을 깜빡이는 순간을 노린다. 의식이 변화하는 그 찰나는 예기치 못한 행동을 개시하기에 더없이 좋은 기회이기 때문이다.

연구자들은 학습이 두 가지 단계로 이뤄진다는 사실을 알아냈다. 먼저 주의를 집중해서 '태스크 포지티브Task Positive' 네트워크를 활성화한다. 이 단계에서 우리는 학습 과정을 의식하고, 그다음에 학습하는 대상에서 주의를 돌려 확산 모드로 진입한다. 두 번째 학습 단계는 무엇도 의식하지 않는다. 그러나 이 단계에서 뇌는 학습

한 내용을 창조적으로 통합한다. 눈앞에 있는 내용을 받아들이는 데 집중하다가 긴장을 풀고 학습 내용에서 주의를 '돌리면' 그제야 뇌가 내용을 집어삼킨다고 할 수 있다. 포모도로 기법에서 집중 학습 이후 취하는 짧은 휴식 시간이 중요한 이유도 바로 여기에 있다. 휴식하는 동안 뇌는 학습한 내용을 통합할 기회를 얻는다.

그러므로 주의 집중만 강조하는 교육 체계는 확산 네트워크 발달을 저해하여 때론 더 큰 가능성을 놓치곤 한다. 우리 뇌는 반드시 휴식이 필요하다. 긴장 완화, 명상의 시간 등이 필요한 것이다. 특히 창조력을 키우고 싶다면 일상에서 뇌가 휴식하고 자유롭게 생각할 수 있는 시간을 가져야 한다.

∶ 오히려 기억력이 나쁠수록 유리하다 ∶

작업 기억이란 간단히 말해 머릿속에 일시적으로 담을 수 있는 정보의 양을 의미한다. 예를 들어 방금 여러 사람을 소개받았는데 그들 중 다섯 명의 이름을 기억하는 경우다.

흔히들 지능이 높을수록 작업 기억력도 좋다고 생각한다. 이해가 빠르고 작업 기억이 좋은 사람은 문제의 다양한 측면을 단번에 머릿속에 담고 해결책도 쉽게 찾는다. 반면에 작업 기억이 나쁜 사람은 복잡한 주제와 씨름하려면 일단 이를 단순화할 방법부터 찾아야 한다. 바로 애덤처럼 말이다.

단순화 방법을 찾는 과정은 당연히 지루하고 오랜 시간이 걸린다. 그러나 놀랍게도 여기에 숨은 혜택이 있다는 연구 결과가 나왔다. 작업 기억력이 낮은 사람들은 지름길을 찾아내고 문제의 돌파구를 찾을 가능성이 높다고 한다. 작업 기억 용량이 크고 기억력이 좋은 똑똑한 사람은 대상을 새롭고 단순하게 바라봐야 할 동기 수준이 낮기 때문이다.

이밖에도 빠른 이해력에 따르는 단점이 있다. 한 번에 10가지 단계를 기억하고 이해할 수 있는 사람이라면, 이를 다른 사람에게 설명할 때도 짧은 설명으로 단번에 전하려고 할 것이다. 뛰어난 두뇌를 가진 사람은 이해에 필요한 것이 무엇인지 모르기 때문이다. 하지만 설명을 듣는 사람은 대략 3단계에서 헤매게 된다. 다시 말해 이해력이 빠르면 다른 사람을 가르치기가 어려울 수 있다. 게다가 '멍청한 사람에게 관대하지 않은' 성향까지 더해지면 그 가능성은 더 증가한다. 이 점에서 볼 때 애덤은 교직 일을 맡기에도 유리하다. 스스로 언급했듯이 그는 일단 어떤 내용을 이해하면 대개 '누구라도' 그 내용을 쉽게 받아들일 수 있도록 설명할 줄 아는 능력을 가졌다.

: 단점을 반대로 표현해보기 :

열세 살에 교육 캠프에 참여한 애덤은 그때부터 변하기 시작했다. 이후로 그는 학교 공부에 몰두했을 뿐만 아니라 DJ 일과 미술,

학습 지도 활동을 계속 이어나갔다. 그렇게 해서 애덤은 훌륭한 사람으로 성장했다.

일반적으로 학습할 때 뛰어난 기억력과 집중력처럼 명백한 장점만을 가장 중요한 요소로 강조하곤 한다. 하지만 때로는 부정적인 특성도 놀라운 가치를 지닐 수 있다. 애덤의 최대 단점인 동시에 학습에 가장 유용한 특성을 다시 한번 정리해보자.

- **머리가 좋지 않다.** 애덤은 작업 기억력이 좋지 않은 편이다. 하지만 작업 기억이 뛰어나지 않기 때문에 개념을 단순화하고 핵심에 집중할 줄 안다. 내용을 이해하기까지는 시간이 오래 걸리지만 결국 그는 분명하고 간단하게 이해한다. 오히려 작업 기억이 나쁘기 때문에 개념을 더 단순하게 파악하는 법, 머리가 좋은 사람들이 간과하기 쉬운 방법을 발견한다.
- **걱정이 많다.** 애덤은 불안감을 적절히 활용하는 법을 배웠다. 걱정을 어떤 일을 할 때 미리 철저하게 준비하도록 일깨워주는 신호로 이용한다. 충분한 준비를 마친 뒤 생각을 재구성함으로써 편도체를 진정시키고 불안을 잠재운다. 이 접근법은 평온을 비는 기도와 비슷하다. 애덤은 바꿀 수 있는 대상은 바꾸고 바꿀 수 없는 대상은 있는 그대로 받아들이는 법을 배웠다.
- **고집불통이다.** 완고한 기질을 타고난 애덤은 부정적인 의견

을 들었을 때 자신이 설정한 목표를 달성하려는 결의가 약
해지기는커녕 더 강해졌다.

- **순진한 몽상가다.** 애덤은 '꿈을 크게 가져라'라는 크고 단순
  한 생각으로 회사를 창업하고 성공했다.

: 학교 성적보다 더 중요한 것 :

애덤과 패트릭 두 사람은 회사의 팀원도 창조성이 높고 의욕이
넘치는 사람들을 뽑는다. 그들 중에는 학교에 다닐 때 성적이 좋지
못했지만 지금은 세계적인 컴퓨터 게이머나 소설가, 마술사가 된 사
람들이 있다.

여러 아시아 국가의 시험 제도와 마찬가지로 엄격한 싱가포르의
교육 평가 체계는 작업 기억력이 뛰어난 학생들을 선발하고 주로 이
들에게 보상하는 역할을 해왔다. 실은 반대로 '창조성이 높을수록
작업 기억이 낮은 경우'가 많다. 물론 싱가포르 교육 체계가 일부러
그런 것은 분명 아니겠지만, 뇌가 비효율적으로 작동한다는 이유만
으로 창조적인 사람들이 불리해지는 체계는 그들을 탈락시키는 데
그치지 않고 절망과 열등감에 시달리게까지 한다.

애덤과 그의 회사는 몇몇 사고 비법을 활용하면 제도권 교육에
잘 맞지 않는 학생들도 좀 더 효율적으로 학습할 수 있다는 사실을
증명했다.

간혹 그가 홍보하는 교육 워크숍이 교육 경쟁을 심화할 뿐이라고 생각하는 사람도 있다. 그러나 애덤은 오히려 교육 민주화에 앞장서고 있다. 교육 제도에서 낙오한 학생들, 가족들에게 좌절한 수많은 창조성 넘치는 학생들에게 효과적인 비법을 전한다.

어쩌면 바로 지금이 애덤 쿠의 생각과 방법을 전 세계 교육 제도에 도입할 때일지도 모른다. 애덤의 통찰력을 분명 유리하게 활용할 수 있을 것이다.

무엇이 당신의 진로 계획을 뒷받침하는가

만약 부모가 신분 상승을 지향하는 사람이라면 아마도 당신이 어릴 때부터 의사처럼 예로부터 성공이라고 여기는 진로를 택하도록 권했을 것이다. 물론 부모의 독려는 이해할 만하다. 아픈 사람을 치료하는 일은 선행이며 수입도 높고 많은 사람의 존경까지 받는다. 게다가 자녀가 성공하면 부모의 평판도 높아진다. 그러나 당연하게도 모두가 의사가 될 수는 없고, 누구나 의사가 되고 싶어 하지도 않는다.

주변의 친구들은 부모와 다른 욕구를 지닌다. 친구들은 대개 당신이 '지금 당장' 웃는 모습을 보고 싶어 하며 현실의 문제 따위는 신경 쓰지 않는다. 당신이 영화배우나 운동선수가 되고 싶어 한다면 친구들은 보통 당신 편에 서서 응원할 것이다. 하지만 친구라고 해서 항상 따뜻하게 대해주지는 않는다는 사실도 기억해야 한다. 친구들도 당신을 세상의 일부로 인식하므로 당신이 무리에서 벗어날 법한 노력을 기울이면 이를 미묘하게 깎아내리려고 할 수 있다. 게다가 당신의 성공에 질투를 할 수도 있다.

교사들은 진로에 관해 유용한 조언을 제공할 수 있지만 부모나 친구와 마찬가지로 그들에게도 자기만의 기득권이 있을 수 있다. 예를 들어 생명공학과 교수는 생명공학이 가장 빠르게 성장하는 공학 분야라고 치켜세워서 당신이 자기 과에 들어오도록 부추길 수 있다. 아마도 그 교수는 생명공학과가 빠르게 성장하는 이유가 애초에 토대가 미미하기 때문이며 생명공학 출신을 뽑는 일자리가 많지 않다는 사실은 언급하지 않을 것이다.

우리는 자신이 열망하는 일을 하라는 격려를 자주 받는다. 그러나 모두가 열망을 따르는 세상은 불행만 가득할 수도 있다. 모두가 그저 열망하는 일만 좇는다면 누가 차를 만들고 집을 지으며 슈퍼마켓의 재고를 채우겠는가?

때로는 본인이 원치 않았던 길에서도 가능성이 발생한다는 점을 주목할 필요가 있다. 예를 들어 과학자 산티아고 카할Santiago Cajal은 아버지가 단호하게 고집을 부리는 바람에 화가의 꿈을 접고 마지못해 의사가 됐다. 그러나 그는 의사로서 노벨상을 수상했다.

이렇게 서로 충돌하는 온갖 고려 사항을 보면서 당신은 무엇을 생각하는가? 노트에 '진로에 관한 태도와 영향'이라는 제목을 쓰고 질문들에 대한 답을 적어보자.

- 사람이라면 무슨 일이 있어도 주변 이들이 지원해줘야 할 '진정한 잠재력'을 갖고 있다고 생각하는가?
- 미래를 계획할 때 다른 사람들의 의견을 반드시 고려해야 한다고 생각하는가? 만약 그렇다면 어느 정도로 고려해야 하는가?
- 진로 전환을 할 때 해당 업계의 현실을 고려해야 하는가? 만약 그렇다면 어느 정도로 고려해야 하는가?
- 강점으로 바꿀 수 있는 약점이 있는가? 어떻게 하면 그 약점을 강점으로 바꿀 수 있을까?

하늘이 무너져도
포기하지 않는 사람

◆

프린세스 앨로티Princess Allotey는 열여덟 살에 꿈이 산산이
부서지는 일을 겪어야만 했다. 성적도 우수했고 욕심도 많
았지만 실은 가면 증후군으로 오랫동안 고통받았고, 심지
어 어느 날 갑자기 집안의 경제 상황이 무너지면서 대학도
포기해야만 했다. 절망스러웠지만 그녀는 대학 진학 대신
다른 길을 찾아나섰다.

프린세스 앨로티는 첫딸이라는 이유로 '프린세스'라는 이름을 갖게 되었다(큰오빠의 이름은 프린스다). 아버지 조지가 가 부족 출신이었기에 그녀의 정식 이름은 부족의 전통에 따라 지었고, 전체 이름은 프린세스 나아 아쿠 시카 앨로티다.

그녀는 가나의 수도 아크라 근처의 지역에서 자랐는데 그곳은 문맹률과 학교 중퇴율이 높기로 유명하다. 프린세스의 부모 역시 미국의 중학교에 해당하는 기초 교육만 받았고 항상 자녀들에게 대학에 갈 것을 권했다.

참고로 가나의 공용어는 영어지만 국민 대부분이 가나식 이름과 영어 이름을 둘 다 갖고 있고, 영어와 더불어 아프리카 지역 언어 약 일흔 가지 중 적어도 하나는 유창하게 구사한다. 프린세스는 영어와 아버지 부족의 언어, 가나 중부의 지방 농촌 에시엠에서 태어난 판테 부족인 어머니의 언어까지 총 세 가지 언어를 구사한다.

프린세스가 다니던 초등학교에서는 30인용 교실에 어린이 80여 명이 빽빽하게 들어앉아서 공부했다. 프린세스는 작은 책상 하나를 친구 두 명과 함께 써야만 했다. 그렇게 비좁은 환경에서도 학습 의욕이 넘쳤던 프린세스는 특히 수학을 좋아했다. 덕분에 그녀는 초등학교와 중학교 수학에서 A+ 학점을 받았다. 또한 학교 졸업 시험 기초 과목 전부에서도 A 학점을 받았다.

덕분에 프린세스는 가나에서 가장 좋은 남녀 공학 고등학교 중 하나인 명문 고등학교에 들어갈 수 있었다. 그녀는 언젠가 수학 교사가 되겠다는 꿈을 꿨다. 평범한 수학 교사가 아닌, 다른 나라의 교육법에 대해서도 잘 아는 교사가 되고 싶었다.

지식을 넓히고 싶었던 프린세스는 기초 과학과 공학을 배우고 좀 더 창조적인 문제 해결 능력을 갖추고자 여름 캠프에 등록했다. 참가자 21명 중에서 여학생은 프린세스와 친구 샤니쿠아뿐이었다. 수적 열세는 그 자체로 힘겨웠다. 두 사람은 여자아이가 무슨 공헌을 할 수 있겠냐고 생각하는 소년들의 의심 어린 눈초리를 느꼈다. 마치 프린세스는 자신이 사기꾼이라도 된 듯한 기분을 받았다.

청소년들은 많은 꿈을 갖기 마련이고 그녀도 예외는 아니었다. 프린세스는 2003년에 여성들을 이끌고 대규모 운동을 벌여서 제2차 라이베리아 내전을 끝낸 공로로 노벨상을 수상한 리마 보위Leymah Gbowee와 같은 용기를 발휘하고 싶다고 생각했다. 문제는 그녀가 사람들 앞에서 말하기를 지독히 꺼렸다는 점이다. 딱히 부끄러움을 많이 타는 성격은 아니었다. 친구들과 있을 때는 대화를 잘 이어갔다. 하지만 청중 앞에 서기만 하면 긴장했다. 눈앞에 원고가 있어도 글자를 제대로 읽지 못하거나 아예 얼어붙었다.

프린세스가 다닌 고등학교는 가나 전 대통령과 여러 국회의원을 포함한 많은 졸업생들에게 후원을 받는 곳이며 국립학교라 학비도 비교적 저렴하다. 프린세스의 아버지는 천식을 앓으면서도 열심히 일하는 사람이었고 나름 중견 기업인 시멘트 블록 회사를 경영했다. 그는 별다른 어려움 없이 프린세스의 학비와 기숙사 비용을 부담했다. 그리고 그녀는 사람들 앞에서 말은 잘하지 못했지만 우수한 학업 성적을 거뒀다.

그 참사가 닥치기 전까지는 모든 것이 완벽했다.

⠿ 나는 내가 부족한 사람이라고 생각했다 ⠿

'가면 증후군Imposter Syndrome'은 자신이 달성한 성취를 누릴 자격이 없다거나 적어도 주변 사람들보다 능력이 부족하다고 느끼는 심리 상태를 말한다.

'증후군'이라고 불리기는 하지만 스스로 사기꾼 같다고 느끼는 이 감정은 정신 질환은 아니다. 그저 자신의 성취를 제대로 받아들이지 못할 뿐이다. 가면 증후군에 시달리는 사람은 본인이 성공했을 때 그게 다 우연이거나 운때가 맞았기 때문이라고 생각한다. 혹은 주변 사람들이 속고 있을 뿐이라고 생각한다. 다시 말해 본인이 실력이 있어서 성공했다고 생각하지 않는다. 반대로 실패하면 자기 잘못이라고 여긴다.

이는 주로 여성에게서 나타나지만 남성도 종종 경험한다(단지 남성이 감정을 솔직히 밝히지 않을 뿐이라는 추측도 있다). 1978년에 가면 증후군에 관한 연구 논문을 처음으로 발표한 폴린 클랜스Pauline Clance와 수잰 임스Suzanne Imes 박사는 "가면 현상을 경험하는 여성들은 학술 분야나 업무에서 뛰어난 성과를 내면서도 계속 자신은 사실 똑똑하지 않으며 그렇게 생각하는 사람들을 속이고 있다고 믿는다"라고 지적했다. 유감스럽게도 자신이 사기꾼이라고 느끼는 이 감정은 그들의 지적 능력과 성취, 역량을 증명하는 확실한 증거가 눈앞에 있어도 사라지지 않는다.

기이한 일이지만 가면 증후군은 성취도가 높은 사람들에게 흔히 발생한다. 극복하기 어려운 원인 중 하나는 이들의 겸손함을 알아차린 일반인들이 이를 신선하다고 느낀다는 데 있다('저 사람 참 겸손하기도 하지!'). 그리고 타인의 감정에 민감한 여성들은 허풍쟁이라는 낙인을 피하려고 차라리 수줍음을 타는 경향을 나타낸다. 아마 공격성과 권세, 위험을 무릅쓰는 행동과 관련 있는 호르몬인 테스토스테론의 영향도 있는 듯하다.

프린세스는 여름 캠프에서 가면 증후군을 본격적으로 경험했다. 그녀는 남학생으로만 구성된 팀에서 농촌에서 채소를 장기간 보관할 수 있는 용기를 설계하는 일을 맡았다. 팀을 이끄는 과정에서 프린세스는 사람들 앞에서 말을 해야 했을 뿐만 아니라(평소에도 프린세스가 힘겨워했던 문제인) 팀원들에게 지시도 해야 했다. 머릿속에 이런 생각이 돌기 시작했다. '대체 내가 뭐라고 이런 권위 있는 자리를 차지한 거지?'

하지만 '난 자격이 없어'라는 태도가 놀라운 결과를 만들어냈다. 프린세스는 "이 방법이 옳다고 생각해?"라고 조심스럽게 소리 내어 물었다. 그러자 팀원들이 프린세스를 올바른 결정을 내리는 지도자로 여겼다. 덕분에 그녀는 지금까지 본인의 눈을 가린 가리개를 벗고 주변에서 일어나는 일을 제대로 바라보기 시작했다. 이렇게 그녀는 염려 대신 현실에 근거해 정보를 좀 더 객관적으로 판단하게 되면서 가면 증후군을 극복하는 중요한 걸음을 내디뎠다.

자아상에 변화가 생기자 머릿속에 떠돌던 자기비판 회로가 누그러졌다. 분명히 프린세스는 능력 있는 사람이었다. 게다가 좋은 지도자가 되기 위해 사람들에게 이래라저래라 지시하고 군림하는 것은 옛 고정관념에 불과하다는 깨달음도 얻었다. 이로써 프린세스는 가면 증후군을 통해 다른 이익을 얻으면서 이를 뛰어넘을 수 있었다.

물론 자기 회의가 항상 나쁘기만 한 것은 아니다. 예를 들어 군 장교와 대사관 직원들의 경우 잠재의식 속에 자신의 관점이 옳다는 고지식함이 가득 차 있을 수 있다. 이런 태도는 해외에 파견 근무를 나갔을 때 문제를 일으킬 소지가 다분하다. 그리고 과학 분야에서 노벨상을 수상한 신경과학자 산티아고 카할이 말하길, 천재들이 나타내는 가장 큰 문제가 바로 성급하게 결론을 내리고 그 결론이 틀렸을 때도 쉽사리 인정하지 못하는 점이라고 한다. 세상에는 자기 생각에 긍정하는 사람들의 목소리에만 귀를 기울이는 기업 임원, 장군, 정치인이 가득하다. 이런 지도자들은 태평스럽게 확신에 차서 결국 파국으로 치닫는 모습을 보여준다.

게다가 현실을 보면 재능과 기술도 중요하지만 운도 굉장히 큰 역할을 한다. 마치 주사위 게임과 같다. 똑같이 재능 있는 지원자 두 명 중 한 사람은 일자리를 얻고, 다른 사람은 일자리를 구하지 못한다거나, 난데없이 자동차 사고를 겪고 뇌진탕에 걸리는 바람에 대학 입학시험을 망칠 수도 있다. 이로써 일류 대학에 들어갈 가능성이 줄어드는 것이다.

그러므로 일부 사람은 자신의 실력이 아니라 운에 의해서 어떤 일이 발생했을지도 모른다는 생각을 갖게 되고, 이 생각이 확장되면 (대단히 자신만만하고 자기애가 넘치는 사람을 제외하고) 몇몇 사람이 때때로 사기꾼이 된 듯한 기분에 시달릴 수 있다. 이는 자연스러운 일이다. 단 그런 감정을 정상으로 받아들이고 이를 자신에게 유리하게 인식할 때 건전하게 앞으로 나아갈 수 있는 길이 생긴다.

⠆ 모든 것을 잃은 소녀 ⠆

고등학교에 다니는 동안 프린세스는 학업에 집중했다. 우등생만 모인 환경에서도 그녀는 높은 평점을 유지했다. 그러는 와중에 프린세스의 아버지 조지는 즐거운 고민에 빠졌다. 사업이 나날이 번창해서 확장이 필요했기 때문이다. 그는 사업을 확장하고자 토지를 추가로 구매했고 30만 가나 세디Ghana cedi(가나의 통화, 한화 약 820만 원)가 넘는 대금을 현금으로 지급했다. 참고로 이는 가나에서 엄청난 액수다.

그에게 땅을 판 사람은 힘 있고 지위가 높으며 조지가 오랫동안 친구라고 여겼던 사람이었다. 조지는 토지를 거래하면서 영수증을 받지 않았다. 가족에게 그 이유를 말한 적은 없지만 아마도 그렇게 영향력 있는 인물에게 서면 서류를 요구하기가 민망했을 것이다. 아무튼 그는 일단 땅에 건물을 짓기 시작하면 거래 성립이 명확해질 것이라고 생각했다. 그러나 건물을 짓기도 전에 심각한 문제가 발생했다. 다른 사업가가 본인이 해당 토지를 구입했다고 말하면서 조지의 소유권 주장에 이의를 제기한 것이다.

이러한 사기 수법은 종종 벌어지곤 한다. 토지 소유자가 누구에게 팔았다고 한마디만 하면 분쟁은 정당한 청구인에게 유리하게 돌아간다. 하지만 이는 토지 소유자가 한쪽에서만 돈을 받았을 때 성립되는 얘기다. 문제의 토지 소유자는 딱 잘라 말하지 않았다. 대신 두 사람에게 법정에서 문제를 해결하라고 말할 뿐이었다.

토지 구입에 엄청난 돈을 들이부었던 조지는 그냥 물러설 수 없었다. 게다가 그는 무척 단호하고 열심히 일하는 사람이었다. 그가 성공한 이유도 바로 여기에 있다.

프린세스가 고등학교 2학년과 3학년을 보내는 동안 소송이 계속 이어졌다. 조지는 변호사에게 거액의 비용을 지급하면서도 소송 서류를 접수하러 수도를 몇 번이나 오갔다. 이미 토지 대금을 지급한 그는 필사적이었다. 한번은 무작정 땅에 건물을 지으려고 하다가 직원들과 함께 늘씬 얻어맞았다. 직원 중 한 명은 병원 신세를 져야 했고 값비싼 장비들이 망가졌다. 개중에는 마치 불도저에 깔린 듯 심하게 부서진 것도 있었다.

갈등은 프린세스 가족과 학업에도 악영향을 미치기에 이르렀다. 그녀는 열심히 공부했지만 성적이 떨어지기 시작했다. 이전에 받아 본 적 없는 등급 D를 받고 가슴이 철렁 내려앉았다. 그래도 프린세스는 계속 최선을 다해 공부했다. 고등학교 3학년이 된 후에는 국내외 대학교 입학 가능 여부를 결정하는 서부 아프리카 중등 교육 시험을 준비했다. 시험은 2014년 2월 말에 치러질 예정이었고, 늘 하던 대로 최선을 다하기로 마음먹었다.

조지는 토지 소유권 분쟁을 최고재판소까지 가져가기 위해 부유한 친구에게 6만 가나 세디(한화 약 1600만 원)를 빌렸다. 그는 이 재판에 모든 것을 걸었고, 소송 절차가 막바지에 이를 무렵 남은 돈은 250 가나 세디(한화 약 6만 5000원)뿐이었다.

2014년 1월 2일, 소송을 시작한 지 2년 뒤 조지는 법원의 판결을 들었다. 그는 패소했다. 다음 날 조지의 천식이 급격히 나빠졌다. 그는 프린세스에게 약국에 가서 약을 사오라고 했다. 하지만 그녀가 약을 사러 간 사이에 조지는 부엌에서 의식을 잃었고 프린세스 어머니가 이를 발견했다. 부인은 남편을 간신히 택시에 태워 병원으로 가고자 했다. 택시 두 대가 시체를 태우고 싶지 않다며 승차를 거부했다. 세 번째 기사가 두 사람을 태워줘서 병원으로 급히 달려갔지만 헛수고였다. 조지가 죽은 것이다.

가족들이 이보다 더 나쁜 사태가 벌어지지는 않을 것이라고 생각한 바로 그 순간 사건이 일어났다. 자기가 재판에 이길 것이라고 확신했던 조지가 콘크리트 블록 공장과 집을 담보로 6만 가나 세디를 빌린 사실을 알게 됐다. 가족은 소송에만 진 것도, 아버지만 잃은 것도 아니었다. 그들은 가진 것 거의 전부를 잃었다.

그래도 프린세스는 서부 아프리카 중등 교육 시험을 치렀다. 놀랍게도 그녀는 우수한 성적을 거뒀다. 하지만 프린세스는 돈이 없었고, 장학금을 받기 위해 필요한 인맥도 없었으므로 가나에서 주간 대학교에 다니기는 불가능했다. 원서를 낸 외국 대학에서 입학 허가가 났지만 따로 학비 지원은 없었다. 당시 가족은 프린세스 큰오빠가 벌어오는 얼마 안 되는 수입으로 근근이 살아가는 중이었다. 거의 다 이뤘다고 생각했던 프린세스의 꿈은 순식간에 물거품이 되었다.

: 고통을 이겨내는 힘 :

앞 장 애덤 쿠의 사례에서 '관점의 재구성'이 가지는 힘을 살펴보았다. 프린세스 역시 관점의 재구성이 가지는 가치를 발견했다.

고등학교 막바지 시절은 그야말로 힘겨웠다. 아버지가 죽고 집안의 경제적 여유가 사라지면서 그녀는 우울증을 겪었고 성적도 떨어졌다. 하지만 최대한 기운을 차려서 고등학교 마지막 시험에서 뛰어난 성적을 거뒀다.

프린세스는 관점을 재구성했다. 그 과정에서 '종교'의 도움을 받았다. 그녀의 가족은 가톨릭 신자였고 가톨릭 신앙과 그에 따르는 가치관(자기보다 운이 나쁜 사람들을 도우라는 가르침 등)에 기대어 어려운 시기를 견뎠다.

그녀는 자신의 문제를 계속 되새기는 대신, 바깥으로 눈을 돌려 타인의 문제를 어떻게 도울 수 있을지 생각했다. 프린세스는 열악한 환경의 초등학교와 중학교에서 보조 교사로 자원봉사를 시작했다. 그녀는 감수성이 예민한 아이들에게 수학에 대한 흥미와 열정을 전달했다. 모든 아이를 돕길 원했지만 특히 여자아이들에게 모범을 보이고 싶었다. 가나는 여전히 학교는 남자가 다니는 곳이라는 인식이 강하기 때문이다. 또한 여학생보다 남학생이 수학에 더 열중하는 것이 바람직하다고 여긴다.

가르치는 학생 대부분이 수학책을 살 수 있을 만큼 형편이 좋지 못했다. 그들은 학교에서 배운 내용을 복습하고 연습할 수가 없었다. 그래서 프린세스는 학교에 수학책 도서관을 만들어서 학생들이 기초 교육 시험을 준비할 수 있도록 돕는 '산수의 날 프로젝트'를 생각해냈다. 그녀는 친구 여덟 명에게 도움을 구해 주머니를 탈탈 턴 돈과 몇몇 친절한 후원자들의 기부금으로 700 가나 세디(한화 약 19만 원)를 모았다. 일단 주요 교과서를 몇 권 구매하고 여러 수학책 저자들에게 기부를 요청할 계획이었다. 내가 프린세스를 알게 된 계기도 바로 이 프로젝트였다. 프린세스는 내가 쓴 책 『숫자 감각』을 기부해달라고 편지를 보내왔다. 하지만 특히 인상 깊었던 부분은 이후 그녀의 대응이었다. 프린세스는 단지 책을 얻기 위해 편지를 쓰는 데 그치지 않고 책을 받은 뒤에도 감사 편지를 보내왔다.

그 뒤 프린세스의 삶은 어떻게 펼쳐졌을까? 그녀는 키즈 앤드 매스Kids and Math라는 조직을 세워서 상임 이사 자리를 맡았다. 이 조직은 취학 아동을 대상으로 우수한 학업 성과를 거두는 데 필요한 기초 수학 자원을 제공하는 기관이다.

조직을 세운 뒤 프린세스는 수많은 학교를 돌면서 아이들이 수학에 관심을 가지도록 강연을 했다. 키즈 앤드 매스 운영에 필요한 기금을 모으고자 여러 기관과 기업, 집단에서도 강연을 했다.

또한 쓰레기봉투를 판매해서 기금을 모으기도 했다. 방법은 간단했다. 쓰레기봉투를 대량으로 구매한 다음, 대량 구매가보다 조금 높지만 적당한 가격인 0.80 가나 세디(한화 약 220원)에 개별 판매했다. 가나에는 주방용 중소형 쓰레기통에 딱 맞는 쓰레기봉투를 파는 곳이 많지 않았다. 고객들은 쓰기 편리할 뿐만 아니라 키즈 앤드 매스를 지원한다는 이유로 쓰레기봉투를 구매했다. 프린세스는 사업을 활용해서 사회 문제를 해결한 사회적 기업가가 되었다.

또한 한때 가면 증후군을 겪은 사람이라는 사실이 믿기지 않을 정도로 뛰어난 화술을 자랑한다. 한번은 가나 외교지역통합부에서 열린 모 클럽 회의에 초청받아 키즈 앤드 매스에 관한 강연을 하게 됐을 때, 그녀는 "멋진 연설이었습니다. 마치 TED 강연 같았어요!"라는 극찬까지 받았다.

그녀의 행보가 주목을 받기 시작했다. 가나의 인기 텔레비전 프로그램 「지에이치투데이GH Today」에 나와서 키즈 앤드 매스에 관한 인터뷰를 해달라는 요청도 받았다. 방송에 출연한 날 프린세스는 자기 뒤에 누군가 다른 사람이 있지는 않은지 계속 확인하고 싶은 기분이 들었다. 유명한 방송인과 이야기하고 있다고 믿기가 어려웠던 것이다. 인터뷰는 걱정과 달리 아주 성공적으로 끝났다.

프린세스는 문제를 기회로 보는 관점의 재구성에 성공했다. 하지만 대학교에 들어가 수학 교사가 되기 위한 정식 교육을 받는다는 꿈은 아직 이루지 못했다. 그러나 재구성으로 다른 성과를 달성했다. 그 과정에서 자신의 가장 큰 문제점을 극복하고 남들 앞에서 강연하는 법도 익혔다.

수학을 사랑하고 가면 증후군을 극복했으며, 인생의 고난 속에서도 타인을 돕고 거대한 일을 해낸 프린세스는 많은 이들의 귀감이 되기에 충분하다.

Mind

Chapter 3

배움의 변화

우리가 평생 배워야 하는 이유

◆

세계에서 가장 살기 좋은 곳 중 하나로 꼽히는 싱가포르. 싱가포르는 '배움'을 중요시하는 나라다. 어릴 때 집중적으로 학습하는 것만이 아니라 성인이 되어서도 계속해서 배우고 변화해야 하는 일의 중요성을 아주 잘 알고 있다.

싱가포르는 전체 인구 550만 명이 동서 길이 평균 약 30킬로미터인 섬에 모여 사는 아주 작은 나라다. 하지만 이 작은 나라를 우습게 봤다간 큰코다친다. 중국계, 말레이계, 인도계를 비롯한 다양한 집단이 모여 살며, 학교에서 사용하는 표준 언어는 영어지만 국민 대부분이 영어, 표준 중국어, 여러 중국어 방언, 말레이어 중에서 두세 가지 언어를 구사한다.

또한 수심이 깊은 항구 외에 천연자원이 없다는 점도 특이하다. 심지어 전체 인구 대비 수자원도 부족한 편이다. 수자원 일부는 때때로 우호적이지 않은 태도를 보이는 말레이시아에서 둑길을 거쳐 수입해왔다. 그러나 바닷물 담수화 공정을 개발하여 수입하는 양보다 더 많은 물을 생산하게 됐으며, 지금은 전 세계가 그 기술을 사용한다.

1965년에 싱가포르의 실업률은 두 자릿수였다. 노동인구 중 글을 읽고 쓸 줄 아는 사람은 57퍼센트에 불과했다. 문화적 낙후 지역으로, 제2차 세계대전이 끝나고 영국에서 분리된 뒤 몸부림치던 여러 수많은 식민지 중 하나처럼 될 수도 있었다.

그러나 이 나라는 예상을 깨고 급성장을 이루었다. 현재 실업률은 약 2퍼센트로 전 세계에서 가장 낮으며 1인당 국내총생산은 세계 평균의 321퍼센트에 달하여 대단히 높은 수준을 보여준다. 15세 학생들을 대상으로 수학, 읽기, 과학 소양을 측정하는 국제 평가인 국제학업성취도평가PISA에서도 상위권에 속한다.

범죄율 또한 무척 낮아서 부모들은 마음 편히 청소년 자녀가 한밤중에 시내 한복판을 돌아다니도록 허락한다. 여성들은 동네 음식점에서 모임을 가질 때 일찍 도착하면 테이블에 가방을 남겨 자리를 표시하고 화장실에 간다. 개인 소지품을 훔쳐갈 도둑이 거의 없기 때문이다. 물론 수많은 현대인처럼 싱가포르 사람들 역시 바쁜 생활 방식과 높은 물가에 불만을 표시하지만 그들은 다른 나라 국민이 불평하는 여러 병폐가 없는 삶을 누린다.

싱가포르가 살기 좋은 이유는 어쩌면 생활 방식과 교육 방법에 있을지도 모르겠다는 생각이 들었다. 나는 이 가능성을 탐색하기 위해 패트릭 테이Patrick Tay를 찾아갔다.

그는 내가 지금까지 만난 사람 중에서 가장 밝고 낙관적인 타입이다. 변호사인 그는 싱가포르 웨스트 코스트를 대표하는 선출직 국회의원이자 동시에 전국노동조합총회NTUC(이하 'NTUC') 사무차장보 겸 법무 및 PME 부장이라는 거창한 직함을 갖고 있다(PME는 '전문직Professional, 관리직Managerial, 임원Executive'을 의미한다).

누가 봐도 화려한 스펙을 가진 패트릭은 사실 입에 풀칠하기도 힘들었던 싱가포르 중하층 가정 출신이며, 2002년 NTUC에 들어가기 전까지는 몇 년 동안 경찰관으로 근무했다.

패트릭의 통찰력을 얻기 위해 싱가포르 중심 업무 지구에 위치한 32층짜리 NTUC 센터 건물에 있는 사무실로 갔다. 전면이 유리로 뒤덮인 NTUC 센터는 싱가포르강 근처에 위치해 있으며, 이곳에서는 유명한 마리나 베이 샌즈 호텔로 이어지는 작은 만의 멋진 풍경을 볼 수 있다.

패트릭은 건강한 몸에 건강한 정신이 깃든다는 사실을 잘 아는 사람답게 꼿꼿한 자세와 다부진 체격을 자랑했다(실제로 그는 태권도 유단자다). 환하고 다정하게 웃는 얼굴을 보자 금세 마음이 편안해졌다. 그는 자신이 세 아이의 아빠라는 말로 대화를 시작했다.

과거 패트릭은 장학금을 받아서 대학을 마쳤고 이후 싱가포르 국립대학교에서 법학 과정을 밟았다. 졸업 후 6년 동안 국가를 위해 봉사하는 조건으로 정부 장학금도 받았다. 그는 첫 직업으로 경찰을 선택했고 근무하는 동안 국제법과 국제 비즈니스를 전공하여 법학 석사 학위까지 취득했다.

국가를 위한 봉사를 마친 뒤 패트릭은 변호사 사무실 개업을 준비하려고 했다. 그때 NTUC가 지역 사회 활동에 참여하면서 변호사 기술을 보유한 그에게 영입 제안을 한 것이다. 2002년 그는 NTUC에 합류했고 조선업과 민간 경비, 의료부터 금융 부문에 이르기까지 다양한 업종을 위한 일에 참여했다. 과거부터 지금까지 그의 최우선 관심사는 언제나 노동자의 이익과 복지 향상이다. "14년이 지난 지금도 여전히 NTUC에서 일하고 있어요. 제 노력이 열매를 맺고 남들에게 도움이 되는 과정을 보면서 굉장히 큰 보람을 느끼죠. 때로는 수천 명, 심지어 수십만 명에게 도움을 주기도 합니다. 그런 보람이 이 일을 계속하게 만드는 원동력이에요."

노동자의 이익을 보장하기 위해서는 결국 복지 체계가 우수한 고소득의 일자리가 필요한데, 이런 점을 깊게 고려하여 싱가포르는 국가적으로 일자리 관련 변화를 선도하고 있다. 최근 들어 교육의 중요성을 강조하면서 전문직과 관리직, 임원에 종사하는 노동인구가 증가했다. 다만 인구 고령화와 기술의 발달로 많은 직업이 사라졌다. 어렵게 익힌 기법과 기술이 서서히 그 가치를 잃어가는 중인 것이다. 사람들은 새로운 소프트웨어와 장비, 이전과 다른 경영 방식을 습득해야 하고 나아가 다른 사람과 상호작용 하는 방식마저 다시 배워야 한다. 과거 경력이란 각 단계마다 한동안 머무르는 징검다리와 같았으나 현대 사회의 경력은 '컨베이어 벨트'에 가깝다. 어떤 단계에 있든 간에 계속 움직이고 끊임없이 배워야 한다.

"노동자는 직무를 재설계해야 하고 국가는 사람들이 새로운 일자리에 종사할 수 있도록 신기술을 가르쳐야 합니다. 노동자, 고용자, 정부, 나아가 좀 더 넓은 시각으로 보면 사회 전체가 이 과정에서 제 역할을 다해야 하죠." 싱가포르에서 이런 협력을 도모하는 체제가 바로 정부와 노동조합, 고용주가 합의하는 '노사정 삼자주의'다. 서로 이질적인 집단이 자주 만나서 친분관계를 형성하고 공통점을 찾는다.

노사정 삼자주의는 사실 새로운 제도는 아니다. 국제노동기구

체제 하에 오래전부터 있었다. 하지만 싱가포르의 노사정 삼자주의는 독특한 점이 있다.

노사정 삼자주의

"저는 매주 수요일마다 삼자 대표들과 조찬 모임을 가집니다. 그때마다 지금 우리가 이야기하고 있는 주제와 똑같은 쟁점을 논의하죠. 싱가포르는 고용주와 정부, 노동조합이 한 방에서 대화를 나눌 줄 아는 몇 안 되는 국가 중 하나예요. 우리는 경제적 파이를 나눠 갖는 대신 전체 크기를 키운다는 공동의 목표를 추구합니다. 노사정의 누군가가 더 큰 조각이나 더 큰 부스러기를 갖겠다는 목적으로 이 문제를 다뤄서는 안 된다고 생각합니다."

패트릭은 모두가 이 과정에서 제 몫을 다하고 있다고 말했다. 한 방에 모여 냉정하게 이야기를 나누면서 다양한 관점에서 쟁점을 검토한다고 말이다. 앞으로 노동자 개개인은 무엇을 해야 할까? 직무 재설계와 자동화, 혁신, 생산성 향상 문제에서 기업이 담당해야 하는 책무는 무엇일까? 정부는 노동자들이 잠재력을 실현할 수 있도록 어떻게 도울 수 있을까? 등, 사무직 종사자가 주류를 이루는 싱가포르는 노동인구 고령화에 직면한 상황에 대응하려면 반드시 이런 문제의 해결책을 내놓아야 한다는 점을 잘 알고 있었다.

사실 패트릭이 단순하지만 명쾌한 해결책을 이미 마련했다.

ː T자형 vs π자형 경력 개발 방법 ː

과거에는 대부분이 경력은 'T자형' 궤적을 따라 발전한다고 생각했다. 이는 한 분야의 전문 지식을 깊이 파고드는 양상을 의미한다. 전문 지식을 깊이 쌓은 다음에 컴퓨터 활용 능력, 대인 관계 기술, 취미로 배우는 기술 등 전문성은 낮으나 다양한 기술을 더해 수평적인 균형을 이루는 것이다.

그러나 패트릭은 몇 년 전부터 'π자형' 경력 개발 방법을 알리기 시작했다. π자형 접근법이란 두 가지 분야에서 전문 지식을 익힌 다음, 다른 분야의 지식과 능력을 조금씩 더해 균형을 잡는 전략이다.

패트릭은 현대 사회에서 한 분야에 국한된 지식과 흥미만 가져서는 안 된다고 생각했고 또한 경력 탄력성을 높이기 위해서는 반드시 '두 번째 기술'이 필요하다고 주장했다. 두 번째 기술은 다양한 선택지와 유연성을 보장한다. 첫 번째 기술이 무엇이든 간에 잠깐 손을 담그는 이상으로 깊게 두 번째 기술을 익혀두면 큰 도움이 된다. 두 번째 기술은 첫 번째 기술을 보완하는 역할을 할 수도 있고 개인적으로 상황이 변했을 때 대안이 될 수도 있기 때문이다.

어쩌면 많은 사람이 싱가포르는 선진국이라서 진로 전환 같은 호사를 누릴 수 있다고 오해할지도 모른다. 하지만 이는 잘못된 인식이다. 패트릭이 태어난 이후의 시기만 살펴봐도 싱가포르 경제 상황은 다른 여러 선진국과 마찬가지로 수많은 정점과 나락을 동시에 경험했다. 1998년 경제 위기가 있었고, 2003년에 중증급성호흡기증후군

SARS으로 아시아 내 관광업이 큰 피해를 입기도 했다. 게다가 2008년에는 미국 서브프라임 모기지 사태로 금융 위기가 닥쳤다.

패트릭은 다음과 같이 말했다. "만약 자신의 직업이 사라져도 전문 지식 하나로 2, 3년 정도는 영향을 받지 않을 수도 있습니다. 하지만 세상은 빠르게 변화하죠. 경비 절감, 인원 축소, 구조 조정, 해외 이전 등은 이미 일어난 일입니다. 새로운 경제 상황에서는 절대 한 가지 전문 지식으로 버틸 수 없습니다. 두 가지 전문 지식을 익혀서 미래에 대비해야 해요. 예를 들어 은행에서 일하는 사람은 특정 업무나 소프트웨어의 사용법을 완전히 꿰고 있죠. 하지만 기계가 일을 대신하거나 회사가 해외로 이전한다면 어떻게 될까요? 당연히 해고될 것입니다."

나는 모든 노동자가 전문 지식을 두 가지나 익히는 것이 가능한지 궁금했다. 은행원 같은 전문직이 두 번째 기술을 습득할 수 있을까? 일단 패트릭은 은행원에게 두 가지 기술이 필요하다고 설명했다. 경제 상황에 따라 변동이 큰 금융 산업의 종사자라면 매출 목표를 달성하지 못했을 때 가장 먼저 해고당할 수 있기 때문에 예비 기술을 꼭 갖고 있어야 한다는 것이다.

사실 두 번째 기술을 개발하는 것은 어쩌면 놀라울 정도로 간단할지도 모른다. 때로는 이미 '갖고 있는' 기술을 개발하기만 하면 된다. 이를테면 패트릭이 '관계 금융'이라고 부르는 틈새 분야가 있다. 사실 은행원은 업무 관련 지식뿐만 아니라 '관계 기술 능력'도 갖고 있다. 평소 고객이나 기업과 소통할 일이 많기 때문에 자연스럽게 익히게 되는 기술이다. 관계를 맺고 유지하는 기술은 상담과 사회 복지 같은 다른 분야에서도 유용하다. 특히 싱가포르는 인구 고령화와 여러 사회문제로 인해 상담과 사회 복지 분야의 수요가 높다. 만약 은행원이 상담 분야 지식을 전문적으로 배운다면 상대적으로 수요가 많은 사회 복지 부문으로 쉽게 이직할 수 있을 것이다.

또한 싱가포르는 청년층과 노년층 모두가 두 번째 기술을 습득할 수 있도록 지원하는 프로그램을 운영한다. 40세 이상의 국민이 상담 프로그램 자격증을 취득하는 경우, 이 자격증이 현재 하는 업무와 무관하더라도 많은 지원금을 받을 수 있다. 즉, 직원이 업무 관련 기술을 훈련할 때만 비용을 부담하는 고용주 지원 프로그램과 달리 정부는 개인이 현재 직업과 전혀 관련 없는 프로그램을 학습할 때도 지원금을 지급한다. 국가 전체가 성인의 평생 교육을 위해 개인의 선택을 존중하고 뒷받침해주는 것이다.

여기에 패트릭이 활약한 보람이 더해져 싱가포르는 재정 지원에 더욱 실용적으로 접근한다. 25세 이상의 싱가포르인이라면 누구나 스킬스퓨처SkillsFuture 프로그램을 통해 가상 신용 계좌로 500싱가포르달러(한화 약 43만 원)를 받는다. 이 금액 역시 본인이 몸담은 업계와 무관하게 오직 원하는 교육을 받는 비용으로 쓸 수 있다. "액수가 적다고 생각할 수도 있을 거예요. 하지만 프로그램 대부분이 이미 약 90퍼센트가량의 비용 지원을 받고 있습니다. 그러니까 본인이 부담해야 하는 차액만 500달러에서 내면 되는 거죠."

: 직업을 선택할 때 고려해야 하는 것 :

패트릭은 두 번째 기술 습득을 이해하는 데 두 가지 관점이 있다고 설명했다. 첫 번째는 업무 관점으로, 두 번째 기술을 익혀두면 지금 하는 일을 더 잘 하고 싶거나 이직을 할 때 도움이 된다. 반대 관점은 개인적인 열망이나 관심사에 중점을 두는 것이다.

예를 들어 IT 업계에 종사하는 패트릭의 친구는 시각 디자인과 그래픽 분야에 관심이 많은 편이다. 기술 IT 지원 일을 하면서 별도로 3D 디자인과 그래픽 디자인 교육을 받았다. 지금은 IT 일을 하는 회사를 다니면서 동시에 대중매체 관련 디자인을 부업으로 삼고 있다. 이렇듯 두 가지 기술을 통해 두 마리 토끼를 다 잡을 수 있다면 가장 이상적이다.

업무 관점에서 기술을 선택하는 경우 고용 추세와 경제 흐름을 살펴보면서 미래의 유망 직업군이 될 듯한 분야를 선택한다면 더없이 바람직할 것이다. 싱가포르는 향후 5~10년 사이에 성장할 것으로 예상되는 분야로 첨단 제조업, 의료, 항공우주 산업을 꼽는다(단순 제조업의 경우 싱가포르에서 비용이 저렴한 중국 및 기타 지역으로 이전하고 있다). 인구 고령화로 인해 의료 서비스 분야의 수요가 증가하고 있으며, 항공우주 단지도 건설 예정이라고 한다.

나는 일반 기계 엔지니어를 예시로 질문했다. 일반 기계 엔지니어라면 두 번째 기술로 무엇을 선택할 수 있을까? 패트릭은 "엔지니어는 논리적이고 공정을 중시하는 사고방식을 지녔죠. 그러므로 이런 능력을 높게 사는 영역에서 두 번째 기술을 쌓을 수 있을 겁니다"
라고 말했다.

평균적으로 성인이 가족을 꾸리는 시기에 두 번째 기술이 중요
해지는 경우가 많다. 그렇다면 시간적 여유가 없는 경우엔 어떻게
기술을 습득할까? 패트릭은 친구들 중에서 이 일을 해낸 두 사람의
사례를 들려줬다.

두 친구는 모두 사진술에 관심이 많았다. 패트릭의 경찰 동료는
본인의 취미에 아예 가족을 끌어들였다. 그는 아이들을 예쁘게 담
은 사진과 동영상을 페이스북에 올리며 긍정적인 피드백을 받았다.
사진에서 본인의 소질을 발견한 그는 15년 동안 해온 경찰 일을 그
만두고 본격적으로 프리랜서 사진 작가 일을 시작했다.

IT 업계에서 일하던 친구 역시 취미로 사진을 찍다가 7년 정도
몸담았던 업계를 떠났다. 경찰이었던 동료와 마찬가지로 이 친구
역시 프로 사진 작가로 활동하면서 행사나 결혼식 등의 스냅 사진을
찍었다. 지금은 사람들을 모아 세계 각지로 떠나는 본격 사진 여행
을 주선하고 있다.

패트릭 역시 마찬가지였다. 그는 지역 대학에서 학부생들을 대

상으로 고용법, 노동법, 조사 관계를 다루는 워크숍을 열면서 동시에 수영 강사 자격증과 태권도 강사 자격증을 취득했다. 언제든지 다른 일을 시작할 수 있게 미리 준비한 것이다. 내가 보기에 패트릭의 진로 개발 접근법은 π자형이라기보다 아예 '빗' 모양에 더 가깝다.

하지만 대부분의 사람에게 시간적·금전적 여유가 없는 것이 현실이다. 이 경우 기존에 몸담은 익숙한 분야에서 두 번째 기술을 쌓는 게 유리하다. 사람은 대개 스스로 예상하는 것 이상의 재능과 능력을 갖고 있다. 물론 꼭 일과 관련해서 두 번째 기술을 습득할 필요는 없다. 두 번째 기술은 다양한 분야에서 재능을 발휘하는 과정이 될 수 있다.

또 패트릭은 안락한 생활을 꾸리는 것이 가치 있다고 생각하지만 단지 높은 수입만을 기준으로 직업을 선택하는 사람들은 탐탁지 않게 여겼다. 그는 많은 사람이 금융업의 경우 대부분 사무실에 에어컨 시설을 잘 갖추고 있고(무더운 날씨의 싱가포르에서는 큰 장점이다) 골프를 치거나 우아하게 와인 또는 식사를 즐길 기회가 많다고 생각한다며 지적했다. 그러나 실제로 금융업계는 장밋빛 세계가 아니다. 그는 "부의 상징인 람보르기니와 페라리를 타는 사람은 아마 1000명 중 1명일 겁니다"라고 말했다. 이들은 매주, 매월, 분기별로 핵심 성과 지표를 달성해야 하고 해고가 일상인 가혹한 환경 아래에서 일한다.

"싱가포르 국립대학교 공학부 졸업생 절반이 엔지니어의 길을 가지 않습니다. 공학부에서 습득한 지식으로 빅데이터와 데이터 분석 관리 업무를 할 수 있어서 주로 금융업계를 선택하죠. 엔지니어보다 훨씬 높은 초봉과 호화로운 사무실까지 제공받습니다. 이른바부유하고 유명한 생활을 누릴 수 있다고 생각하죠. 하지만 결코 생각처럼 만만하지는 않아요."

다른 업계도 사실 마찬가지다. 늘 막연한 기대가 가혹한 현실과정면으로 부딪힌다. 어떤 분야에 몸을 바치며 애를 쓴다고 해도 무조건 상위 2퍼센트 안에 들어갈 수는 없다. 노력이 곧 결과가 되지도 않는다. 그러므로 업계에서 정상에 오르지 않아도 자기가 하는일에 보람을 느낄 수 있다는 사실을 반드시 알고 있어야 한다.

다만 이런 문제를 차치한다 하더라도 20대 초반이라는 어린 나이에 앞으로 남은 인생의 전체 경로를 결정할 수 있을까? 때로는 너무나 이른 시기에 미래를 선택해야 한다는 의무감 자체가 버겁게 느껴지기도 할 것이다. 이런 경우 좀 더 나이가 들 때까지 진로 선택을늦추면 문제가 해결될 것이라고 생각하기 쉽다. 그러나 마냥 선택을 미루다 보면 다른 문제가 발생한다. 오랫동안 훈련을 받아야 하는 직업이라면 특히 더 그렇다.

싱가포르는 이런 문제에 효율적으로 대처하기 위해 대부분의 학생이 최대한 빨리 직업 상담을 받게 하려고 노력한다. 예컨대 학생들이 아주 어릴 때부터 '학습 여정Learning Journey'이라 불리는 체험 프로그램과 인턴십, 직업 교육 등에 참가하는 정책을 시행하고 있다. 패트릭은 이런 방법을 통해 학교와 직장 사이의 기대 격차를 최소한으로 줄여서 사람들이 힘든 부문에 발을 들였다가 갑자기 현실을 깨닫고 놀라는 일이 없도록 돕는다고 설명했다. 그러나 직업 관련 학습을 아무리 해도 모두가 만족할 수는 없는 법이다. 예를 들어 열여섯 살은 진로를 결정하기에는 너무나 어린 나이다.

이 문제를 인식한 나는 학교에 다니는 동안 학생들이 최대한 오랫동안 다양한 진로를 고민할 수 있도록 자율성을 주는 편이 좋을지, 아니면 학생 각자에게 적합해 보이는 특정 분야를 일찍 선택하도록 장려하는 편이 좋을지 곰곰이 생각했다. 문제에 대한 실마리를 얻고자 근처에 있는 싱가포르 정부 청사로 발걸음을 옮겼다.

： 결국 변하지 못하면 끝이다 ：

곡순주Soon Joo Gog 박사는 싱가포르 교육부 산하의 법정 기관인 스킬스퓨처의 최고 연구 담당자 겸 그룹 디렉터다. 활기가 넘치는 여성인 곡 박사는 지속 가능하면서도 이상적인 학습법을 개인적인 관점뿐만 아니라 정부 정책 관점에서도 깊이 생각해왔다. 또한 가지각색의 싱가포르 국민에게 평생 학습 의욕을 심어주고자 노력 중이다.

그러나 300만 명에 달하는 싱가포르 노동인구를 곡 박사 팀이 모두 감당할 수는 없다. 팀원들은 고용주, 동업자 단체, 노동조합, 대학과 직업훈련학교 같은 교육 및 훈련 기관과 힘을 모아 학습으로 변화를 꾀할 수 있는 역량을 개인에게 심어주기 위해 애쓰고 있다.

"변화하는 능력은 이 시대에 반드시 필요합니다. 기술부터 경제, 사회 및 정치 구조에 이르기까지 앞으로 유일하게 변하지 않는 것은 '변화' 그 자체뿐이기 때문이죠. 변화의 속도는 점점 빨라지고 있어요. 변화의 흐름을 따라가기 위해서는 역량을 구축해야 합니다."

: 포부와 기회의 조화 :

박사는 "직업은 곧 우리의 정체성입니다"라고 말했다. 동시에 그녀는 어떤 직업을 갖고 싶은지 생각할 때 그저 열망에 따르는 전통적인 접근법만으로는 충분하지 않다는 점도 잘 알고 있다. 직업을 선택할 때는 포부와 기회가 서로 맞아떨어져야 하기 때문이다.

그녀는 교육 및 훈련 기관과 협력해서 많은 사람에게 '직업 길라잡이'를 제공하고자 노력 중이다. 직업 길라잡이란 많은 사람과 고용주를 연결해서 구직자가 지금 일하는 분야에서 가고 싶은 다른 분야로 원활히 옮길 수 있도록 제공하는 정보를 말한다. 이 목적을 달성하고자 스킬스퓨처와 여러 싱가포르 기관이 서로 협력해서 시장 정보를 입수하여, 일자리 정보와 요구되는 기술, 진로 지침 등을 개인이 이용할 수 있는 안내 체계를 구축했다. 이는 누구나 동등하게 새로운 학습 기회와 일자리를 찾을 수 있도록 돕는다.

곡 박사와 내가 지금까지 걸어온 길을 곱씹는 동안 앞에 놓인 찻주전자는 그대로 식어갔다. 우리 두 사람은 우연한 기회로 지금의 직업을 선택하게 됐다. 진로를 고민하고 있을 때 우연히 만난 사람과 주변에서 구할 수 있었던 한정된 책과 잡지에서 우연히 읽은 내용이 큰 영향을 줬다. 하지만 요즘은 인터넷이 상황을 완전히 바꿨다.

그녀는 요즘 구직자들이 손에 넣을 수 있는 정보가 얼마나 많은지 알고 크게 놀랐다. 음악을 좋아하는 사람이라면 작곡가나 연주자, 음향 기술자가 하는 일이 각각 어떻게 다른지 쉽게 알아낼 수 있다. 이제는 마우스만 클릭하면 다른 사람의 경험을 쉽게 찾을 수 있다.

곡 박사가 추산한 바에 따르면 학교 교육을 받고 사회에 진출하는 싱가포르 국민 중 80퍼센트는 스스로 자신의 길을 찾아나선다고 한다. 그러나 해고나 실직을 겪은 일부 사람들은 앞길이 막막한 기분을 느낄 수밖에 없다. 곡 박사는 그런 사람들의 사고방식에도 문제가 있다고 말했다. "자기가 예전에 했던 일만 할 수 있다고 고집하는 사람들이 많습니다. 하지만 수많은 기회가 곳곳에 숨어 있어요. 여러 분야를 찬찬히 찾아보고 들여다본다면 실직이나 해고로 인해 그렇게까지 무력감과 분노를 느끼지 않을 겁니다. 정말 안타깝죠."

: 싱가포르의 일자리 :

통계를 바탕으로 보면 싱가포르에서는 꽤 쉽게 이직을 할 수 있는 듯하다. 2퍼센트 전후를 맴도는 실업률만 봐도 그렇다. 하지만 이런 통계는 오해의 소지가 있다. 소매업이나 빈 그릇을 치우는 일처럼 별다른 기술이 필요 없는 저임금 직종에서는 이직이 어렵지 않지만 높은 전문 지식을 요구하는 일자리의 경우에는 그렇지 않다. 기술직 같은 특정 부문에서 고용주들은 경험이 있는 경력자를 선호하기 때문이다. 그래서 싱가포르는 구직자가 계속해서 학습할 수 있도록 제도적 장치를 마련한 것이다.

경제 활성화뿐만 아니라 좋은 일자리 창출에도 관심을 기울이는 이 나라는 특히 고성장 산업에 집중한다. 제약 연구 개발, 물류, 화물 운송, 정보 등을 포함해 통신망 보안과 소프트웨어 코딩, 관광, 의료, 사회 복지, 교육 분야에도 힘쓰고 있다. 박사는 "좋은 일자리란 단지 보수가 높은 것만 의미하지 않습니다. 자율성과 능력 향상의 기회도 보장받을 수 있어야 하죠. 직업으로써의 정체성 또한 느낄 수 있어야 합니다"라고 설명했다.

그녀는 다가올 싱가포르의 미래를 떠올리면 벌써부터 가슴이 벅차다고 말했다. "결국 전체 체제가 진화하도록 돕는 것이 우리의 사명입니다. 단순히 싱가포르 학교나 직장에 국한하지 않죠. 사람들이 스스로 능력을 발휘할 수 있는 생태계를 만들고자 합니다."

∶ 배움을 중요시하는 나라 ∶

곡 박사는 미소를 지으며 과거 자신의 아들이 학교에서 했던 프로젝트를 생각하더니 다음과 같이 말했다.

"때때로 사람들은 싱가포르 학생들이 국제학업성취도평가에서 높은 성적을 올리는 이유가 단순 암기 학습 효과 덕분이라고 오해합니다. 하지만 해당 시험은 단순 암기력이 아니라 문제 해결 능력을 평가합니다. 싱가포르에서는 학생들에게 단순 사실과 주제만을 가르치지 않습니다. 모든 교육 단계에서 '사고력'을 키울 수 있도록 지도합니다.

예를 들어 문학에는 문맥과 상황을 분석하는 분석력이 필요합니다. 학생들은 작품이 말하고자 하는 바를 깊이 있게 파악해야 하죠. 수학은 기본적으로 문제 해결을 다루는 과목입니다. 학생들은 논리적인 사고법과 의문을 제기하는 법을 배웁니다. 학교는 학생에게 그저 교과 내용을 가르치는 데서 그치지 않습니다. 교과목 내용과 우리 삶이 서로 어떻게 상호작용하는지 심도 있게 지도하죠."

곡 박사는 학습 제도를 그저 학교 교육에 국한하지 않고 좀 더 넓은 시각으로 봐야 한다고 설명했다. 학습은 가정과 지역 사회 전체를 포함해 고려해야 한다고 말이다. 학습은 나라와 문화 전체 맥락에서 일어나는 사회·경제적 약속이기 때문이다.

그래서 싱가포르의 교육 제도는 한 자리에 머물러 있기보다는 계속 새롭게 변화하는 편이다. 대학은 학생들이 가장 최신의 기술을 익힐 수 있도록 기업과 손잡는다. 그렇다고 해서 예술과 인문학을 경시하는 것은 아니다. 여러 언어가 사용되는 다문화 국가인 싱가포르는 단일 민족으로 이뤄진 나라의 학생들이 상상하기 어려울 정도로 다양한 관점을 가르치기 위해 애쓴다. 현재 나라의 초등 교육은 무상으로 이뤄지며, 대학의 경우 다양한 제도로 장학금의 약 75퍼센트까지 보조금을 지급한다.

그러나 이와 같은 경제적 지원은 전체의 일부에 불과하다. 곡 박사는 결국 부모의 높은 교육열이 진정한 핵심이라고 생각했다. 또한 근면 성실을 기대하는 사회 분위기도 한몫한다고 말했다.

그녀는 다른 나라의 제도도 언급했다. "미국은 싱가포르와 무척 다르죠. 각 주와 도시가 교육 분야에 강한 발언권을 갖고 있으니까요. 표준 교과 과정도 없죠. 학력 수준이 대단히 높은 도시가 있는가 하면 그렇지 않은 지역도 있어요. 실패한 학교를 바꾸기란 어려운 일입니다. 지역 사회 전체를 바꿔야 하기 때문이죠."

싱가포르는 심각한 질병이나 부모의 사망, 학습 장애 등 학교를 다니는 데 어려움을 겪고 있는 일부 학생들을 뒷받침하는 방법까지 체계적으로 갖추고 있다. 노스라이트스쿨NorthLight School은 싱가포르 전역에서 '초등학교 졸업 시험'에 두 번 넘게 떨어진 학생들을 받는다. 교사들은 학생들에게 자신감과 열정을 심어줄 창조적인 학습법을 연구한다. 어떤 수업에서는 교사들이 학생들에게 이해가 가지 않는 부분이 있으면 앞에 있는 녹색 카드를 뒤집어 빨간색이 보이게 놓으라고 말한다. 그리고 학습 장애를 겪고 있는 학생들이 일터로 나아갈 수 있도록 도와줄 직업 코치를 초빙해 체험 학습 과정도 운영한다.

결국 교육은 학교 안에서만 이뤄져서는 안 된다. 단순 교육보다 '교육 생태계' 자체를 어떻게 확립느냐가 중요하다. 이처럼 싱가포르는 누구나 발전할 수 있는 방법을 찾기 위해 애쓴다.

박사는 마지막으로 이렇게 말했다. "싱가포르는 학습하는 국가이자 앞으로 나아가는 나라입니다. 목적지에 도착했다고 생각한 적이 없죠. 항상 앞으로 나아가고 있다는 사실을 명심하고 있으니 다음으로 해야 할 최선책을 찾고 또 찾으려고 노력할 것입니다."

포기하지 않으면
무엇이든 할 수 있다

◆

동물을 사랑하는 루이스는 사랑스러운 말 스펙스를 키우기로 결심했다. 하지만 스펙스는 사람을 전혀 따르지 않으며 난폭하고 거친 행동만 반복했다. 한동안 루이스는 좌절감과 패배감을 맛봐야 했지만 끝없는 노력과 애정으로 돌파구를 찾았다. 바로 동물도 새롭게 훈련을 받음으로써 변화가 가능했던 것이다.

루이스Louise의 최대 고민은 요즘 기르는 말 스펙스Specs다. 스펙스가 자기를 죽이려고 했기 때문이다. 최근 스펙스가 루이스의 머리를 발로 차는 바람에 바닥에 뻗게 되는 일이 종종 있었다. 의식이 돌아오기까지 무려 5분이 걸렸다. 다행히 루이스가 땅바닥에 쓰러져 움직이지 않자 스펙스는 흥미를 잃고 그 자리를 떠났다.

얼마 전 루이스는 남편과 함께 워싱턴주 동부에 있는 친척 집을 방문하려고 차를 타고 가던 중에 들른 주유소의 게시판에서 말을 판매한다는 전단지를 발견했다. 목장 주인은 스펙스가 새로운 사물 탐색을 좋아하는 사랑스럽고 호기심 많은 망아지로, 새로 산 수조에 성큼성큼 들어가거나 방금 산 텐트 안에 들어가 옴짝달싹 못하는 일도 있었다고 설명했다.

루이스는 스펙스에게 단번에 마음을 빼앗겼다. 스펙스가 자기에게 꼭 맞는 말이 될 것이라고 확신했다. 오랫동안 시간제 근무로 비서 일을 함과 동시에 육아에 힘쓰던 시절이 지나고, 퇴직 후 즐길 만한 조용한 취미 생활로 승마는 안성맞춤이었다. 집으로 돌아오는 길에 루이스와 남편은 스펙스를 보기 위해 목장 주인과 만나기로 약속을 잡았다.

이상하게도 말은 루이스를 무시했다. 루이스가 울타리 밖으로 스펙스를 데리고 나오자 말은 제멋대로 달리며 그녀를 질질 끌고 간 뒤 길가에 난 풀을 뜯어 먹었다. 그래도 루이스는 조금만 더 훈련하면 머지않아 스펙스가 미스터 에드(동명의 미국 텔레비전 시트콤에 등장하는 말 -옮긴이)처럼 될 것이라고 믿었다.

하지만 생각처럼 되지 않았다. 어느 날 오후, 스펙스는 뒷다리로 서서 고개를 쳐들고 루이스를 공격하려고 했다. 그녀는 자기를 물려고 다가오는 말의 어금니까지 볼 수 있었다. 한번은 스펙스에게 걷어차여서 마구간 바깥까지 날아간 적도 있었다. 널빤지에 부딪힌 루이스는 몇 주 동안 다리를 절었다. 엄지손가락 절단부터 타박상, 발가락 골절에 이르기까지 갖은 부상을 입었다.

루이스가 스펙스를 타려고 시도할 때마다 말은 몸을 마구 흔들었다. 혹은 그녀가 안심할 때까지 기다렸다가 끝내 루이스를 떨어트린 뒤 밟아서 깔아뭉개려고 했다. 심지어 그녀에게서 달아나서 이웃집 마당으로 질주하기도 했다.

원래 루이스는 동물을 사랑했다. 하지만 이 경우는 달랐다. 말은 사람이 점점 통제할 수 없는 행동을 했고, 루이스는 스펙스가 사람으로 치면 '사이코패스' 수준이 아닌지 의심했다.

하지만 한 가지 문제가 있었다. 만약 루이스가 누군가에게 실상을 털어놓으면 스펙스는 강제로 안락사를 당해 개의 사료가 될 수도 있는 상황이었다. 그녀가 이러지도 저러지도 못하는 사이 스펙스의 상태는 점점 더 나빠졌다.

: 당신의 눈앞에 있는 잠재력 :

현대 인류는 약 6만 년 전에 유럽과 아시아로 향했고 그곳에서 말을 발견했다. 새로운 식사감을 발견한 것이다. 인간은 수만 년 동안 말을 사냥해서 죽이고 먹었다. 6000년 전에야 비로소 말에게 숨은 잠재력이 있다는 사실을 깨달았다. 말의 젖을 짜서 식량으로 섭취할 수 있었고 물건을 실어 나르거나 끌 수 있었다. 게다가 직접 탈 수도 있었다. 말의 가축화는 인류의 문명화 과정에 지대한 영향을 미쳤다.

이제 여기에 숨은 의미를 생각해보자. 인류가 '눈앞에 빤히 보이는' 말의 특별한 잠재력을 발견하기까지 무려 5만 년이 넘게 걸린 것이다. 사람의 잠재력도 마찬가지다. 모두 지금까지 꿈꿔왔던 것보다 훨씬 더 많이 배울 수 있고 더 많은 일을 할 수 있다. 잠재력은 우리를 둘러싼 눈앞에 빤히 보이는 광경 속에 숨어 있다.

요즘 나는 '마인드 시프트', '학습법 배우기' 무크 강의를 운영하면서 학습자들이 만들어가는 모든 변화를 보며 새로운 자극을 받고 있다. 사람은 누구나 배우고 변화할 수 있는 잠재력을 갖추고 있다는 사실을 계속해서 목격한다. 이를테면 인문학에서 공학만이 아니라 사실상 어느 방향으로든 바뀔 수 있다.

나는 이 책을 쓰면서 수없이 많은 감동적인 이야기를 들었다. 즉, 『인생을 바꾸는 생각들』에서 소개한 사람들의 이야기는 가능성의 진짜 일부분만을 살짝 보여준 것에 불과하다. 소개된 사례의 열 배도 넘는 이야기를 할 수도 있지만 결국 일과 생활을 바꾼 사람들은 모두 공통된 맥락을 보여준다.

전환에 성공한 사람들은 성별. 나이, 사회적 위치 등 어떤 조건과 상관없이 누구나 달라질 수 있다는 점을 몸소 증명했다. 클로디아 메도스가 우울증에서 탈출한 사례와 학습부진아 애덤 쿠가 태도를 바꿔서 성공한 사례에서 봤듯이 말이다. 또한 학습은 나이가 들어도 의욕적인 마음을 유지할 수 있도록 돕는다. 실제로 내가 만났던 여전히 학습 의욕이 넘치는 은퇴자들은 마치 지적인 10대 청소년을 떠올리게 했다.

또한 어떤 상황에서나 긍정적으로 생각하여 가능성을 찾아냈다. 물리학을 전공하다가 신경과학자가 된 테런스 세즈노스키는 때로는 한 걸음 뒤로 물러나서 큰 그림을 볼 줄 아는 자세를 갖고 있었고, 알리 나크비는 본인에게 부족한 컴퓨터 관련 지식을 채워 한 단계 위로 올라갔다. 그렇게 능력을 키워서 승진에 승진을 거듭하여 금세 경영진이 된 것이다. 게다가 두 사람 모두 언뜻 보기에 무관한 듯한 과거의 경력을 새로운 진로에서 되살렸다는 점을 기억할 필요가 있다. 테런스가 공부한 물리학은 신경과학에서 사용하는 수학 모형의 기반을 제공했다. 알리는 골프를 하며 과거의 실수가 본인의 발목을 잡지 않도록 마음을 단련해야 한다는 교훈을 얻었고 나아가 스포츠 관련 마케팅 업무를 펼쳐보고자 계획하는 중이다.

사실 이 책의 공통적인 내용 역시 처음에 아무짝에도 쓸모없다고 생각했던 과거 경험과 훈련이 의외로 새로운 일에 도움이 되는 경우가 많다는 것이다. 예를 들어 아르님 로덱이 전기 기사 훈련을 받을 때 키운 분석적 사고방식은 나중에 목공예를 하게 됐을 때도 도움이 됐다. 언뜻 하찮아 보이는 탄야 데 비의 게임 실력은 온라인 커뮤니티 관리라는 멋진 업무로 이어졌다. 음악가에서 의대생으로 변신한 그레이엄 키어는 음악 지식 덕분에 환자에게 진단을 더 잘 내릴 수 있었다. 게다가 음악을 떠나 의학 세계에 발을 들인 그레이엄의 보기 드문 진로 전환을 보면 '내 길은 이것뿐이야'라는 아무도 꺾을 수 없을 것 같던 열망을 완전히 새로운 열망, 심지어 예전에 혐오했던 분야까지 아우르도록 넓힐 수 있다는 사실을 알 수 있다.

게다가 온라인 학습의 접근성이 점점 증가하면서 예전 그 어느 때보다도 진로 전환의 가능성이 커지고 있다. 앞에서 살펴봤듯이 그레이엄은 아이폰으로 간단한 미적분학 문제집을 보며 도움을 얻었다. 전자책 덕분에 그는 연주회나 학교로 가는 버스 안에서 개념을 훑어볼 수 있었다.

: 포기하기 때문에 실패하는 것이다 :

하지만 여전히 진로나 인생의 전환이 남의 일처럼 느껴질 수 있다. 이것이 어려운 원인 중 하나는 어릴 때 우리 대부분이 '제대로 배우는 법을 배우지 않는다'는 데 있다.

어릴 때 흔히 우리는 자신이 잘한다고 생각하는 활동에만 빠지는 경향이 있다. 그 분야가 재능이며 열정을 쏟아야 할 곳이라고 확신한다. 관심이 없거나 잘하지 못하는 과목에서 낮은 점수를 받다 보면 이런 생각은 더욱 강해진다.

하지만 어떤 분야는 잘하기까지 시간이 조금 더 많이 걸릴 뿐이다. 수학 교육자 프린세스 앨로티가 보여줬듯이 불운한 운명의 우여곡절로 열정이 일시적으로 가로막히더라도 그 시간을 잘 활용하면 오히려 경험이 다방면으로 풍부한 사람이 될 수 있다. 프린세스가 가면 증후군을 극복할 수 있었던 의지는 앞으로 살아가는 데도 큰 도움이 될 것이다.

다만 전 세계적으로 의무 교육은 주로 어린아이나 청소년 위주로 이뤄지는 터라 사회 전반에 학습은 '젊은 사람만을 위한 것'이라는 생각이 퍼져 있다. 그러나 무크를 비롯한 여러 온라인 학습 기회가 생겨난 덕분에 학습이란 삶의 모든 단계에서 누구나 할 수 있는 행위라는 인식이 생기기 시작했다. 싱가포르 같은 혁신적인 국가들이 교과목이나 개인의 목표에 관계없이 학습 지향적 생활 방식을 강조하는 이유가 여기에 있다.

또한 일반인을 위한 수준의 뇌과학 지식이 알려지면서 우리는 학습을 위해 뇌의 모든 측면을 활용할 수 있게 됐다. 이 책에서 나는 성인이 학습을 통해 계속해서 끝없이 성장할 수 있으며, 이런 태도가 뇌 기능 저하에 도움이 된다는 최신 연구 결과를 전달하고자 했다. 예를 들어 다프네 바벨리에와 애덤 개절리가 증명했듯 비디오게임은 인지 능력을 유지시켜줄 뿐만 아니라 심지어 향상시키기까지 한다. 추가로 명상과 같은 접근법도 학습 과정의 다양한 측면을 드높인다. 주의를 집중시키는 명상 형태가 집중 능력에 관여하는 신경 네트워크를 활성화시키기 때문이다.

: 모든 행동에는 이유가 있다 :

심지어 포유류도 인간과 비슷한 방법으로 학습하는 듯하다. 포유류가 집중 모드와 확산 모드를 활용한다는 증거도 있다. 다만 보통 포유류는 언어를 구사하지 못하므로 학습에 훨씬 큰 어려움을 겪을 뿐이다. 인간이 무엇을 원하는지 알아내려고 이리저리 생각하는 개의 모습을 떠올려보라. '구르라는 건가? 아니네. 앉으라는 말인가? 제기랄, 그것도 아니야. 제발 그냥 뭘 원하는지 말해. 그렇게 할 테니까!'

스펙스의 문제 중 하나도 말이 의사소통을 할 수 없다는 사실 때문이었던 듯하다. 이 말의 성장 과정을 살펴보자. 스펙스는 엉덩이

부분에 하얀 반점이 드문드문 있는 칠흑처럼 검은 말이다. 스펙스라는 이름도 작은 반점을 뜻하는 단어 스페클스Speckles를 줄인 것이다. 난산으로 태어난 스펙스는 생후 한 달 동안 아팠지만 사랑스럽고 장난기 넘치는 망아지로 자라며 귀여움을 독차지했다.

원래는 목장 주인의 딸인 10대 소녀 에드위나가 스펙스를 키울 예정이었다. 소녀는 나이가 지긋한 일꾼에게 배운 재주를 스펙스에게 가르치기 시작했다. 아이가 처음으로 가르친 재주가 '드러눕기'였다. 유감스럽게도 소녀는 스펙스의 왼쪽 다리를 반복해서 차고 머리를 잡아당겨서 말이 균형을 잃고 쓰러지는 방식으로 드러눕기를 가르쳤다.

루이스는 이런 훈련법을 알게 된 뒤에 다음과 같이 말했다. "말에게 재주를 가르치는 일이 근사하다고 생각하는 사람도 있겠죠. 하지만 올바른 방법으로 가르쳐야 합니다. 말은 자기가 배운 그대로 행동하기 때문입니다." 다시 말해 아주 사소해 보이는 재주라도 이는 동물이 인간과 상호작용 하는 방식의 기초가 될 수 있다는 뜻이다.

스펙스는 '확실히' 특정 재주를 취득했다. 드러눕기가 그의 기본 행동이 됐고 스트레스를 받을 때마다 땅에 주저앉았다. 그것이 인간이 원하는 행동이라고 생각하게 된 것이다. 어쨌든 말은 화가 나는 원인이 무엇이든 일단 드러눕기만 하면 불쾌감이 대부분 해소된다는 사실을 발견했다. 게다가 그렇게 하면 주변 사람들을 통제하는 힘을 가질 수 있었다. 예를 들어 누군가가 스펙스를 타고 있는데 스펙스는 이를 원치 않는다면, 그때 말은 멈춰 서서 쓰러지고 구르기만 해도 곧바로 사람이 자신에게서 떨어져 나가는 걸 확인했다.

스펙스가 에드위나에게 배운 것은 드러눕기만이 아니었다. 소녀는 말에게서 원하는 행동을 이끌어내고자 도구, 그것도 통증을 유발하는 도구를 사용했다. 스펙스가 뒷걸음질 치게 만들기 위해 소녀는 금속 발굽 주걱으로 말의 가슴을 쳤다. 스펙스는 뒷걸음질 쳤지만 그가 배운 내용은 확실했다. '지금은 네가 날 짜증 나게 해서 뒤로 물러나지만 그딴 발굽 주걱으로 나를 때리지 않는 한 내가 뒷걸음질 치는 일은 없을 거야!'

말이 좌절했을 때나 사람을 존중하거나 신뢰하지 않을 때 나타내는 행동으로 차기, 물기, 짓밟기가 있다. 스펙스는 이 모든 행동을 했다. 에드위나의 목장에는 스펙스보다 더 크거나 다루기 쉬운 말들이 있었고, 결국 소녀는 그런 말들을 타거나 훈련하며 스펙스를 방치하기에 이르렀다. 스펙스는 일반적인 농장 작업을 할 정도로 크지 않았기에 에드위나의 아버지는 스펙스를 장애아동 승마 프로그램에 보냈다. 하지만 이런 아동들이 탈 말은 아주 온순하고 인내심이 강해야 한다. 스펙스는 그런 말이 아니었으므로 다시 목장으로 돌아왔다.

물론 동물은 드러눕기 같은 행동을 배울 수 있으며, 그런 행동은 좋을 수도 있고 나쁠 수도 있다. 스펙스를 길들일 때 에드위나는 말을 아프게 할 생각은 없었다. 그저 목장의 일꾼이 추천한 대로 따라 했을 뿐이다. 하지만 소녀가 초기에 보여준 방법 때문에 스펙스는 학습과 사람 자체에 대해 분노하는 태도부터 배우게 됐다. 말은 자기가 무엇을 배우는지 이해하지 못했다. 만약 스펙스가 말을 할 수 있었다면 "나는 너무나 부당한 대우를 받고 있어!"라고 외쳤을 것이다. 말의 입장에서 보기에 훈련은 분명 짜증스러운 일이었다. 사실 '사람 자체'가 싫었을 것이다.

물론 말만 훈련이 짜증스럽고 누가 시켜야만 하는 일이라고 느끼는 것은 아니다. 사람도 마찬가지다. 학교를 일찍 중퇴한 자크 카세레스는 많은 친구가 학업을 등한시하고 심각한 문제를 일으키는 모습을 봤다. 물론 자크의 친구들은 마구간에 갇혀있거나 기둥에 묶여 있지 않으므로 스펙스보다 더 많은 선택지를 갖고 있었다. 그들은 교실에서 말썽을 피우고 존경하지 않는 교사를 무시하며 유급을 겨우 면할 정도로만 행동했다(스펙스와 똑같다. '지금은 하겠지만 하지 않아도 되면 절대 하지 않을 거야!'). 마침내 자크의 친구들은 마약에 중독되거나 폭력으로 원하는 바를 얻을 수 있다는 사실을 알게 됐다. 이는 스펙스가 한 최악의 행동을 인간의 상황으로 옮겨놓은 것이나 마찬가지다.

: 배우고 변화할 수 있는 존재, 동물 :

50년 전, 루이스가 워싱턴주의 한 시골 마을에서 어린 시절을 보내던 당시 키우던 착하고 순한 말은 그녀의 말을 잘 따랐다. 이 반세기 전 경험이 문제 중 하나였다. 이로 인해 루이스가 본인이 말을 안다고 착각해버린 것이다.

스펙스처럼 성미가 고약한 생물 앞에서 루이스는 62세의 초보에 불과했고 이런 말을 길들이기란 힘에 벅찬 일이었다. 시도한 것 중 무엇도 효과가 없었다. 노련한 말 사육가였다면 밀치기, 차기, 물기 등 스펙스가 나타내는 적대적인 행동을 채찍으로 다스려서 금방 고칠 수 있었을 것이다. 하지만 루이스가 느끼기에 스펙스의 공격적인 행동은 두려웠고 그저 속상하기만 했다. 게다가 채찍으로 때려서 말을 듣게 하는 방법은 루이스의 취향이 아니었다.

절박했던 루이스는 동물 훈련 서적을 제쳐두고 온라인을 통해 찾은 말 훈련 전문가에게 손을 내밀었다. "그가 제게 과제를 주었고 저는 과제를 하는 모습을 동영상으로 촬영했습니다. 선생님은 정말 이지 엄했습니다. 실수해서 야단맞은 적도 많았어요. 사실 제 안전 을 염려해서 그러는 것이었죠. 저는 그분에게 2년 동안 배우고 난 뒤에 마침내 해냈습니다. 다 온라인 학습 덕분이에요."

루이스는 제일 먼저 스펙스가 인간의 개인 공간을 존중하는 법 을 배우지 않았다는 사실을 깨닫고 깜짝 놀랐다. 예를 들어 루이스 가 스펙스와 시간을 보내려고 마구간에 들어가면, 스펙스는 루이스 가 앉은 의자에 들러붙어 코로 안경을 건드리거나 이빨로 책을 물었 다. 심지어 의자를 넘어뜨리는 바람에 루이스가 스펙스를 피해 비 켜난 적도 있었다. 스펙스는 참는 법을 배운 적이 없었으므로 원하 는 것, 대개 음식을 얻고자 루이스를 떠밀기도 했다. 게다가 말은 뒷 다리로 서거나, 갑자기 멈춰 서서 움직이지 않거나, 드러누우면 본인 마음대로 행동할 수 있다는 사실도 알고 있었다. 그런 모든 행동이 루이스에게는 굉장히 위험한 것이었다.

： 가교와 표적 기법 ：

루이스는 문제를 해결하기 위해 무엇부터 시작해야 할지 막막했다. 하지만 결국 돌파구를 찾았다. 조련사가 루이스에게 말과 의사소통하는 간단한 방법인 '가교와 표적Bridge and Target'을 알려주면서 해결의 길이 보이기 시작했다.

간단히 설명하자면 이는 어떤 '표적'을 정하고 동물이 표적을 향해 나아가도록 가르치는 방법이다(스펙스의 경우에는 X자를 그린 지름 60센티미터짜리 플라스틱 원반이었다). 표적으로 나아가도록 유도하는 '가교'는 동물이 표적에 접근하는 동안 혀를 차며 쯧쯧 소리를 내는 것이다. 이때 동물이 표적에 가까워질수록 더 빠르게 혀를 찬다. 어린아이들이 하는 냉온 게임Hot and Cold Game(퀴즈 혹은 게임을 할 때 정답에 가까워질수록 "Hot", 반대의 경우 "Cold"라고 외치는 것)에서 술래가 표적에 가까워지면 '뜨거워졌다, 뜨거워졌다, 그거야!'라는 의미를 전달하기 위해 혀를 점점 빠르게 차는 소리를 내는데, 가교는 이를 응용한 것이다.

설리번 선생님이 눈이 보이지 않고 귀가 들리지 않으며 제멋대로 구는 헬렌 켈러의 손에 글자를 써서 뜻을 전달하는 방법을 찾았듯이, 가교와 표적은 루이스와 스펙스가 소통할 수 있는 방법을 제공했다. 이 기법을 통해 스펙스는 자기 자신이 표적을 향해 나아가기로 결정(능동 학습)하면 본인이 제대로 가고 있다는 것을 사람이 신호로 알려줄 뿐만 아니라, 목적지에 도달할 경우 블루베리 간식을 받을 수 있다는 사실을 발견했다. 바로 스펙스 본인이 모든 행동의 결정권자라는 것을 알게 된 것이다. 더구나 금속 발굽 주걱으로 괴롭히거나 자기를 쓰러뜨리는 사람도 없었다.

조련사는 루이스에게 스펙스의 태도와 품행을 읽을 수 있도록 제대로 관찰하는 법도 가르쳤다. 루이스는 스펙스를 관찰하면서 가끔은 말이 자기가 시키는 대로 행동하기는 하지만 눈을 가늘게 뜨고 귀를 화난 듯이 뒤로 젖히며 '하기는 하겠지만 엿 먹어'라는 듯 몸을 긴장할 때가 있다는 사실을 알게 됐다.

결국 루이스는 동물을 이해하는 비결이 눈앞의 과제를 동물이 완수하는지 확인하는 것이 아니라 행동 이면에 숨은 생각을 찾는 데 있음을 깨닫게 됐다. 예를 들어 방을 청소하라는 말을 수없이 들은 다음에야 겨우겨우 방을 치우는 아이가 있다고 가정해보자. 아이는 방을 치우기는 할 것이다. 하지만 경멸하는 듯 "알았어!"라고 말하고 쿵쿵 발소리를 내며 방으로 가서 작은 소리로 부모의 욕을 중얼거리고 나서야 청소를 할 것이다. 나쁜 태도와 부정적인 감정으로 어떤 행동을 하는 것은 그냥 하는 것과 분명히 다르다.

그녀는 말을 훈련하는 모습을 동영상으로 찍어서 평가받는 과정을 거친 것이 큰 도움이 됐다고 했다. 처음에 루이스는 본인이 그저 잘하고 있다고만 생각했다. 하지만 루이스의 멘토인 조련사는 동영상을 보면서 실제로 무슨 일이 일어나고 있는지 말해주곤 했다.

루이스가 처음 스펙스를 훈련하기 시작했을 때는 조련사의 지시에 따라 몇 주 동안 울타리 밖에 서 있었다. 스펙스가 처음으로 익힐 가르침은 귀를 앞으로 향하게 하고(일반적으로 말이 기분이 좋다는 표시) 몸의 긴장을 풀면서 자기 머리를 계속 울타리 안에 두는 법을 배우는 것이었다. 그렇게 하면 간식을 줬고 반대로 버릇없게 행동하면 벌을 줬다. 하지만 벌이란 그저 간식을 받을 기회를 놓치는 정도였다. 특정 행동을 할 때마다 손실이 발생하니 스펙스는 점점 루이스가 중요한 사람이라고 느끼기 시작했다. 규칙을 따르지 않으면 루이스가 떠났고 게임도 곧장 끝났기 때문이다.

루이스는 서서히 마구간 안에서 말을 훈련하기 시작했다. 숨을 내쉬는 모습을 지켜보다가 숨을 내쉬도록 장려하는 법도 배웠다. 인간과 마찬가지로 숨을 내쉬는 것은 정서적·육체적 긴장이 풀렸다는 조짐이다. "우리 둘 중 한쪽이라도 불안을 느낄 때면 저는 스펙스가 들을 수 있도록 차분하게 큰 숨을 내쉽니다. 그러면 스펙스도 똑같이 따라 해요." 이렇게 단순히 호흡하는 것만으로도 둘의 정서적 상태가 바뀐다는 것이다.

루이스와 스펙스가 함께 이해할 수 있는 언어를 개발하면서 말은 점점 더 많이 배우기 시작했다. 축구, 물건 가져 오기, 마구간에 가까이 가지 않기, 건반 위로 코를 미끄러지듯 움직여서 리버라치 Liberace(화려한 쇼맨십으로 유명했던 미국의 피아니스트 -옮긴이)처럼 피아

노 치기 등을 배웠다. 루이스는 주방 창문 너머로 스펙스가 배운 내용을 혼자서 연습하고, 심지어 루이스에게 보여줄 새로운 재주를 만들어내는 모습을 지켜봤다.

요즘 스펙스가 가장 좋아하는 놀이는 발굽을 손질받는 것이다. 마치 사람이 온천에서 손톱 관리를 받듯이 말은 발굽을 내밀면서 애정 어린 태도로 루이스에게 다가간다. 그리고 루이스는 안장이나 굴레 없이 스펙스를 타는 데 성공했다. 목소리만으로 자신이 어느 길로 가고 싶은지 스펙스에게 알릴 수 있다.

결국 가교와 표적 훈련법은 루이스와 스펙스가 의사소통에 사용할 수 있는 언어를 제공했다. 나아가 그런 의사소통으로 스펙스는 자신의 자존심을 지키고 성공을 즐길 수 있게 됐다. 환경을 긍정적인 방식으로 통제하는 능력을 갖추게 된 것이다.

: 동물의 변화가 알려주는 것들 :

둘이 함께 완성한 길을 되돌아보며 루이스는 "상대가 어떤 동물이든 신뢰하고 존중하는 마음을 갖고 소통하는 방법을 찾는다면 그 동물도 나름대로 응답합니다. 그때부터 서로의 숨은 잠재력을 찾을 수 있습니다"라고 말했다. 사람과 마찬가지로 말인 스펙스도 변화하는 데 성공한 셈이다.

"스펙스에게 특별한 점이 있다면 바로 이거예요. 스펙스는 본인이 이해하지 못하거나 부당하다고 생각하는 행위에 반항했습니다. 대부분의 말은 이의를 제기하지 않고 그냥 받아들이죠. 스펙스는 누군가가 자신을 억누르려고 할수록 더욱 투지를 불태우는 성향을 갖고 있습니다. 지금도 가끔씩 스펙스는 이빨로 저를 물면서 예전의 행동을 하곤 합니다. 하지만 그런 행동이 잘못된 것임을 알려주면 순순히 받아들여요."

현재 스펙스와 루이스가 함께 있는 모습을 보면 누구나 경탄할 것이다. 둘은 서로 분명히 존중하고 사랑한다. 스펙스는 루이스가 제공하는 간식에만 흥미를 나타내는 데 그치지 않고 배움 그 자체를 즐긴다.

최근 들어 루이스는 조련에 청킹 개념을 더했다. 붓을 들어 그림을 그리는 것이든, 받침대 위로 뛰어오르는 것이든, 문을 닫는 것이든 스펙스는 세 번 정도 반복하면 대개 새로운 과제나 재주를 이해했다. 루이스는 스펙스가 많은 재주를 진심으로 습득하고 싶어 한다고 느꼈다. 특히 인상 깊은 점은 학습할 때 스펙스가 인간과 너무나 비슷한 모습을 보인다는 사실이다. 말은 새로운 재주를 배울 때면 늘 이전보다 더 발전한 모습을 보였다.

"스펙스처럼 수준 높은 '학습자'를 가르치다 보면, 스스로 즐기고 창조성을 발휘하는 모습을 보게 됩니다. 그건 가르치는 사람의 기분을 맞춰주기 위해서 그러는 것이 아니에요. 스펙스의 창조성은 본인이 원하는 바를 얻고자 나를 조종하는 방법을 배우는 데서 비롯되기도 합니다." 예를 들어 스펙스는 나갈 준비가 됐을 때 마구간에서 가장 높은 받침대에 올라가 특정한 음조로 딱 한 번 울음소리를 낸다. 이는 "외출하자. 건초도 좀 주고"라는 뜻이다. 다시 말해 스펙스는 인간인 루이스가 자기 요구에 따르도록 '훈련'시키는 데 성공한 셈이다.

요즘도 루이스는 항상 스펙스에게 귀를 기울이고 반응한다. 스펙스는 학습 내용에 의견을 제시하기도 하고 때로는 자기 나름대로 바꿔서 보여주기도 한다. 이상하게 들릴 수도 있겠지만 스펙스는 우수한 교사처럼 유쾌한 면을 지니고 있다. 즉 루이스가 웃으면 무척 좋아한다. 루이스가 기뻐하면 스펙스는 커다란 만족감과 자부심을 느끼는 것이다.

마침내 루이스는 이 말이 자기 인생에 온 특별한 선물이라고 생각하게 되었다. "스펙스가 자기 세계를 이해하기 시작하고, 세계를 건강한 방식으로 바꿀 수 있다고 생각하면서 태도가 바뀌었다고 생각합니다. 우리가 과연 어디까지 갈 수 있을지 상상하면 신이 나요."

: 가능성이 당신을 기다리고 있다 :

그러니까 스펙스는 말 세계의 사이코패스는커녕 '천재'다. 온 가족이 차를 타고 있으면 본인도 함께하려고 하거나 밤에 마구간에서 빠져나와 몰래 집안으로 들어오려고 하는 등 스펙스는 항상 새로운 세계를 탐색하고자 한다. 그리고 보고 있는 사람이 있으면 자기가 무엇을 알고 있는지 뽐내기까지 한다.

스펙스의 사례를 보니 어떠한가? 이 책을 편 당신은 틀림없이 변화와 새로운 지식에 목마른 사람일 것이다. 인류가 바로 눈앞에 있는 말의 이용 가치를 발견하기까지 약 5만 년이 넘게 걸렸다는 사실을 기억하라. 일단 발견하기만 하면 인생에 극적인 변화를 일으킬 수 있는 가능성이 지금 눈앞에 얼마나 많이 있을까? 물론 새로운 학습은 감당하기 힘든 수준일 수도 있지만 동시에 당신 안에 내재된 배움과 변화에 대한 욕구를 충족시켜줄 것이다.

우리는 한때의 스펙스처럼 학습에 저항하거나 현재에 안주한 채 살아가서는 안 된다. 스펙스가 루이스를 만나고 달라졌듯이 변화는 곁에 있는 사람 혹은 아주 사소한 것에서부터 시작될 수 있다. 거창한 무언가가 필요한 것이 아니다. 나는 당신이 당신만의 가능성을 꼭 발견할 수 있기를 바란다. 가능성은 당신이 발견해주기만을 기다리고 있다.

옮긴이 이은경

연세대학교에서 영어영문학과 심리학을 공부했다. 식품의약품안전처에서 영문에디터로 근무하며 바른번역 아카데미를 수료한 후 현재 바른번역 소속 번역가로 활동하고 있다. 역서로는 『아무것도 하지 않는 하루 15분의 기적』, 『석세스 에이징』, 『촛불 하나의 과학』, 『행복한 디지털 중독자』, 『기후변화의 심리학』, 『웅크린 호랑이』, 『포텐셜』, 『슬픈 불멸주의자』, 『듣는 것만으로 마음을 얻는다』, 『인생학교 역경에 맞서는 법』, 『인생학교 나이 드는 법』, 『창조의 탄생』, 『긍정의 재발견』, 『누가 내 생각을 움직이는가』, 『나와 마주서는 용기』, 『네이키드 퓨처』 등이 있다.

변화할 줄 아는 삶을 위한 3개의 조언

인생을 바꾸는 생각들

초판 1쇄 발행 2021년 3월 2일
초판 3쇄 발행 2021년 7월 30일

지은이 바버라 오클리
펴낸이 김선준

책임편집 배윤주
편집2팀장 임나리
디자인 김세민
마케팅 조아란, 신동빈, 이은정, 유채원, 유준상
경영지원 송현주

펴낸곳 (주)콘텐츠그룹 포레스트 **출판등록** 2021년 4월 16일 제2021-000079호
주소 서울시 영등포구 국제금융로2길 37 에스트레뉴 1304호
전화 02) 332-5855 **팩스** 02) 332-5856
홈페이지 www.forestbooks.co.kr **이메일** forest@forestbooks.co.kr
종이 (주)월드페이퍼 **출력·인쇄·후가공·제본** 더블비

ISBN 979-11-91347-05-0 (03190)